**선생님,
노동을 즐겁게 하려면
어떻게 해야 해요?**

선생님, 노동을 즐겁게 하려면 어떻게 해야 해요?

제1판 제1쇄 발행일 2023년 7월 12일

기획 | (주)고래가그랬어, 책도둑(김민호, 박정훈, 박정식)
글 | 이승윤
그림 | 소경섭
디자인 | 이안디자인
펴낸이 | 김은지
펴낸곳 | 철수와영희
주소 | 서울시 마포구 월드컵로 65, 302호(망원동, 양경회관)
전화 | 02-332-0815
전송 | 02-6003-1958
전자우편 | chulsu815@hanmail.net
등록 | 제319-2005-42호
ISBN 979-11-88215-92-8 73300

ⓒ 이승윤, 소경섭 2023

* 이 책의 글 저자 인세 전액은 전국의 지역아동센터에 어린이 교양지 〈고래가그랬어〉를 보내는 데 사용됩니다.
* 이 책에 실린 내용 일부나 전부를 다른 곳에 쓰려면 반드시 저작권자와 철수와영희 모두한테서 동의를 받아야 합니다.
* 잘못된 책은 출판사나 처음 산 곳에서 바꾸어 줍니다.
* 철수와영희 출판사는 '어린이' 철수와 영희, '어른' 철수와 영희에게 도움 되는 책을 펴내기 위해 노력합니다.

어린이제품 안전특별법에 의한 기타 표시사항
제품명 도서 | **제조자명** 철수와영희 | **제조국명** 한국 | **전화번호** (02)332-0815 | **제조연월** 2023년 7월 | **사용연령** 8세 이상
주소 04018 서울시 마포구 월드컵로 65, 302호(망원동, 양경회관)
주의사항 종이에 베이거나 긁히지 않도록 조심하세요. 책 모서리가 날카로우니 던지거나 떨어뜨리지 마세요.

선생님,
노동을 즐겁게 하려면
어떻게 해야 해요?

글 이승윤 | 그림 소경섭

철수와영희

[머리말]

노동을 즐겁게 하기 위한 길을 알아봐요

여러분, 안녕하세요!
여러분이 보내는 하루, 일주일, 한 달, 그리고 한 해는 어떤 활동으로 가득 차 있나요?
여러분의 친구들뿐 아니라 부모님, 선생님, 경비 아저씨, 편의점 아르바이트생, 버스 운전사, 그리고 이웃들의 삶도 한번 생각해 볼까요?
이 책은 우리의 삶을 이루고 있는 '일'에 대해 이야기하는 책이에요.
우리 사회에는 어떤 노동, 직업 그리고 일 들이 있을까요? 노동자는 어떤 일을 하고 임금은 어떻게 결정되는지, 힘들게 또는 즐겁게 노동하는 모습은 어떤 것일지, 사람들이 일하면서 느끼는 감정이나 어려움은 무엇일지, 그리고 국가와 사회는 어떤 보호 장치를 만들었는지, 저는 여러분과 여러 질문에 대한 답을 함께 찾아보려고 해요.
이 책에는 여러분이 궁금해할 만한 많은 이야기가 있어요. 예를 들어, 맛있는 초콜릿을 만들기 위해 위험한 환경에서도 일해야 하는 사람들은 누구인지, '감정노동'이라는 개념부터 '플랫폼 노동자'가 무엇인지도 이야기해요. 또 노동을 하는 것이 기후 위기와는 어떤 연결고리가 있는지도 고민해 볼 거예요.
가장 중요한 것은, 이 책을 통해 어떤 일이 가치 있는 일인지, 우리 모두가 어떻게 하면 더 좋은 환경에서 일할 수 있는지, 노동을 즐겁게 하기 위한 길은 무엇인지 이야기해 볼 거예요.
노동과 사회 정책에 대한 어려운 주제도 재미있게 이해할 수 있을 거예요. 노동자가 겪는 어려움과 해결책에 대해 생각해 보면서, 우리 모두가 더 나은 노동 환경을 만들기 위해 무엇을 할 수 있는지 고민해 보면 어떨까요.
이 책을 읽으면서 여러분의 궁금증도 해결하고, 새로운 생각도 많이 해 볼 수 있는 즐거운 여정이 되길 바라요.

이승윤 드림

머리말 노동을 즐겁게 하기 위한 길을 알아봐요   6

모두가 존중받으며
일할 수 있나요?

1. 일이 마트의 물건처럼 상품이 된다고요?   16
2. 카카오 농장 아이들이 초콜릿을 모른다고요?   19
3. 아프고 위험해도 일해야 할까요?   22
4. '감정노동'이란 무엇일까요?   25
5. 누군가를 돌보는 것도 노동이라고요?   28
6. 모두가 잠든 밤에 일하는 사람들이 있다고요?   32
7. 회사에 나가지 않고 일하는 직업도 있나요?   35

2. 모두가 행복하게 일할 수 있나요?

8. 노동과 환경은 어떤 사이인가요? 40
9. 플랫폼 노동이 뭐예요? 43
10. '필수노동자'가 있다고요? 46
11. 자신을 스스로 고용한 사람들이 있다고요? 49
12. 학습지 선생님이 자영업자라고요? 52
13. 이주노동자에게는 더 적은 임금을 줘도 되나요? 55
14. 청소노동자는 왜 우리 눈에 잘 보이지 않을까요? 58

3. 모두가 안전하게 일할 수 있나요?

15. 과학 기술이 노동자에게 도움이 될까요? **62**
16. 아프면 가난해진다고요? **65**
17. '시간 빈곤자'가 있다고요? **68**
18. '알바생'이 꼭 챙겨야 할 권리에는 어떤 게 있을까요? **71**
19. 여성의 일과 남성의 일이 따로 정해져 있는 건가요? **74**
20. 학교는 왜 공짜인가요? **77**
21. '직장 갑질'이 뭐예요? **80**
22. '차별금지법'이 왜 필요한가요? **83**

4. 일을 못 하게 되어도 걱정 없이 생활할 수 있나요?

23. '실업자'가 무슨 뜻인가요?   **88**

24. 국가는 실업자를 어떻게 도와주나요?   **91**

25. 돈을 똑같이 나누는 섬마을이 있다고요?   **94**

26. 최저임금이란 무엇인가요?   **97**

27. 최저임금은 누가 어떻게 결정하나요?   **100**

28. 할머니, 할아버지도 일을 해야 할까요?   **103**

5. 모두가 즐겁게 일할 수 있나요?

29. 노동자에게는 일을 중지할 권리가 있다고요? **108**

30. 아이를 돌보느라 일하지 못할 때 부모님은 어떻게 돈을 벌어요? **111**

31. 세 개의 열쇠가 있어야만 열리는 문이 있다고요? **114**

32. '정의로운 전환'이 무슨 뜻인가요? **117**

33. '불안정 노동자'는 어떤 사람들인가요? **120**

34. 꼭 돈을 벌어야만 가치 있는 일인가요? **123**

선생님,
노동을 즐겁게 하려면
어떻게 해야 해요?

1.
모두가 존중받으며 일할 수 있나요?

1 일이 마트의 물건처럼 상품이 된다고요?

　여러분과 다양한 노동에 대한 이야기를 나누게 되어 무척 기쁘고 반가워요. 여러분도 노동, 노동자라는 말을 많이 들어 보았을 것 같아요. 먼저, 우리 주위를 한번 둘러볼까요? 엄마나 아빠도 일을 하고 있고, 아파트를 살피고 지켜 주는 경비 아저씨나 배달 노동자도 자

주 만나고 있을 거예요. 학교에 가면 여러분을 맨 먼저 반갑게 맞이해 주는 보안관 선생님과 재미있게 공부를 가르쳐 주는 선생님도 있지요? 또, 급식실에서 맛있는 음식을 만들어 주는 조리사 분도 있고, 방과 후 선생님이나 학원의 선생님도 있어요. 마트에서 물건을 정리하거나 계산대에서 여러분이 사는 물건을 계산해 주는 분도 있고, 맛있는 요리나 부모님이 장 본 것을 집까지 배달해 주는 분도 있고요.

 많은 사람들은 일에 대한 대가를 돈으로 받아요. 이 대가를 주로 '임금'이라고 불러요. 그런데 어떤 일은 높은 임금을 받고, 어떤 일은 아주 낮은 임금을 받아요. 이것을 일의 '가격 매기기'라고도 하는데 일에 서로 다른 가격이 있다고 하니 일이 꼭 마트에 진열된 상품 같지요? 그래서 일에 가격이 매겨지고 그 가격에 따라 노동이 사고팔리게 되는 것을 '노동의 상품화'라고 해요. 일이 시장에서 사고팔리는 물건과 같이 된다는 뜻이에요. 그런데 어떤 일들은 여러분과 우리 사회를 위해 무척 중요하고 소중한 일인데도 임금이 너무 낮거나 아예 없기도 해요. 이를테면 집에서 여러분의 밥을 차려 주고 빨래와 청소를 해 주는 가족의 돌봄은 가격이 매겨지지 않거든요.

  왜 어떤 일은 가격이 높고, 어떤 일은 아주 낮은 가격이 매겨질까요? 또 어떤 일은 가격조차 매겨지지 않을까요? 그 규칙은 누가 정한 것일까요? 앞으로 저와 같이 이 질문들을 진지하게 생각해 보기로 해요.

2. 카카오 농장 아이들이 초콜릿을 모른다고요?

여러분 중에는 초콜릿을 좋아하는 친구가 많지요? 그런데 사실 달콤한 초콜릿이 만들어지는 과정을 생각하다 보면 기분이 울적해지기도 해요. 초콜릿은 카카오라는 열매로 만드는데, 이 열매는 아프리카에서 많이 재배돼요. 농장에서 딴 카카오 열매는 유명하고 큰 외국의 초콜릿 기업에 팔리게 되는데, 거기서 설탕과 같은 다른 재료를 섞어 초콜릿이 만들어져요. 그리고 세계 곳곳에 팔려요. 여러분이 먹어 본 초콜릿의 중요한 원재료는 멀리 있는 카카오 농장에서 온 것이에요.

그런데 문제는 카카오 농장의 농부들은 하루 종일 열심히 일해도 하루에 2000원도 못 벌어요. 한 명이라도 더 일해야 먹고살 수 있을 정도로 가난한 이가 많아서 농장에는 아이들까지 나와 무거운 칼을 들고 위험하게 나무에 올라 하루 종일 열매를 딴다고 해요. 식물 질병과 해충을 제거하기 위해 카카오나무에는 농약도 많이 뿌려야 하는데, 그런 곳에서 어린아이들까지 아무런 보호 장치도 없이 종일 뜨거운 햇빛 아래서 위험한 노동을 한다니, 너무 끔찍해요.

또 중요한 문제가 있어요. '노동의 소외' 문제예요. 카카오 농장에서 일하는 사람은, 당연히 초콜릿을 많이 먹을 수 있겠지요? 아니에요. 종일 위험한 일을 한 어린이와 농부들은 정작 초콜릿을 한 번도 먹어 보지도 못했거나, 그게 무엇인지도 모르는 경우도 많아요. 이렇게 초콜릿의 원재료인 카카오 열매를 따는 노동자가 초콜릿이 만들어지는 과정에 참여할 수도, 알 수도 없게 된 것을 조금 어려운 말로 '노동의 과정에서 노동자가 소외된 것'이라고 해요. 나중에 자신이 수확한 카카오가 초콜릿으로 만들어진다는 것을 알게 되어도, 정작 그 노동자는 너무 가난해서 초콜릿을 사 먹을 돈이 없어요. 이건 '노동의

생산물에서 노동자가 소외된 것'이라고 해요. '소외'는 어려운 단어 같지만, 거리가 생기고 낯설다는 뜻이에요.

　사람들이 좋아하는 초콜릿은 마구마구 만들어지는데, 정작 카카오 농장의 노동자들은 위험한 곳에서 쉼 없이 일하면서도 가난해지는 상황을 한번 상상해 보세요. 우리는 달콤한 초콜릿을 생각하면 그것만으로도 행복해지고 군침이 돌겠지만 카카오 농장의 농부들에게 초콜릿은 낯설고 어떨 때는 미울 것 같아요. 그런데 우리 주변에 이런 경우는 정말 많아요. 카카오 농장의 노동자와 초콜릿의 관계 말고도 또 어떤 '낯선 관계'가 있을까요?

3 아프고 위험해도 일해야 할까요?

 몸이 너무 아프고 힘든데도 일을 쉬지 못하고 무조건 해야만 한다면 어떤 기분일까요. 생각만 해도 기분이 우울해지고 안 좋아지는 것 같아요. 이런 걸 경험하고 싶은 사람은 아무도 없을 거예요.
 몸이 아프거나 어떤 일이 위험해 보일 때, 누군가가 나를 무척이

나 속상하게 해서 일하기 싫다면, 우리는 거부할 수 있어야 해요. "오늘은 너무 아파서 쉬고 싶습니다.", "그 일은 너무 위험하고 무서워서 안 하겠습니다.", "제 기분을 그렇게까지 비참하게 만드는 일이라면, 하지 않겠습니다."라고 말하면서요.

노동자에게 일을 거부할 수 있는 권리는 아주 당연하고도 중요해

요. 위험해서 사고가 날 것만 같은데도 억지로 일을 할 수밖에 없는 상황을 상상해 보세요. 감기가 너무 심해서 온몸이 바늘로 찌르듯 아픈데도 꾹 참고 하루 종일 일을 해야 한다면 어떨까요. 회사의 사장이 소리를 지르고 심지어 폭력까지 휘두른다면 너무 비참할 거예

요. 당장 일을 그만두고 싶어지겠죠.

어떤 이유에서든 일을 하고 싶지 않은 마음이 들면 노동자는 그 일을 거부하거나 좀 더 좋은 환경을 만들어 달라고 요구할 수 있어야 해요. 아프면 쉴 수 있어야 하고, 위험한 일이라면 안전장치가 필요해요. 지위를 이용해서 억압적으로 괴롭히는 상사가 있다면, 인격적으로 대해 줄 것을 요구해야 하고요.

좋지 않은 일자리를 거부하거나 안전하고 존중받는 노동 환경을 요구하는 힘을 '노동자의 협상력'이라고 해요. 협상력이란 나와 상대가 비슷한 힘을 가지고 원하는 것을 말하고 서로 논의하는 힘이에요. 그런데 우리나라에는 정당하게 협상력을 행사하지 못하고 자신을 비참하게 만드는 많은 일들을 힘들게 견디며 일하고 있는 노동자가 아주 많아요.

모든 노동자가 안전한 환경에서 일하고, 아프면 쉴 수 있고, 그리고 존중받으며 일을 할 수 있으면 좋겠어요. 노동자의 협상력을 높일 수 있는 방법은 무엇일까요?

21 '감정노동'이란 무엇일까요?

    생일날 선물을 받았는데 마음에 들지 않거나, 부모님이 차려 주신 저녁이 사실은 여러분이 너무 싫어하는 메뉴였던 적이 있나요? 그래도 정성껏 준비한 사람의 마음을 상하지 않게 하려고 밝은 표정을 지은 적도 있을 것 같아요. 또는 친구와 억울한 일로 다투게 되었는데 선생님께서는 사정은 살피지도 않고 무조건 화해하라고 하셔서 속상했던 적은 없나요? 마음속의 기분과 감정은 화나고 속상한데도 표정은 밝고 행동은 친절하게 해야 했던 상황을 한번 떠올려 보세요. 속마음과는 다르게 행동해야 하는 경우가 누구나 있을 거예요. 하지만 일하는 모든 상황에서 항상 똑같이 밝은 표정을 짓고 자신의 솔직한 기분은 숨기기만 해야 한다면 얼마나 힘들까요?

    '감정노동'이라는 말을 들어 봤을 거예요. 노동자가 자신의 일터에서, 자신의 실제 기분이나 감정과는 다르게 얼굴 표정이나 신체 표현을 친절하게 내보이며 일을 해야 하는 감정적 노동을 말해요. 이런 일을 하는 사람들을 감정노동자라고 하고요. 예를 들어, 항공기 승무원은 비행기에서 승객이 안전한 곳에서 충분한 배려를 받고 있다는 느낌을 갖게 해야 한다고 교육받아요. 또, 전화 상담을 하는 콜센터 직원도 항상 친절한 목소리로 통화를 해야 한다고 지시받지요. 어린이나 노인을 돌봐 주는 돌봄노동자는 무슨 일이 있어도 싫은 내색을 하지 않고 친절하게 상대를 대해야 한다고 강요받아요.

이런 노동자들은 상대방이 아무리 불합리한 요구를 하고, 때로는 이유 없이 심한 욕설을 하거나 모욕을 해도 절대 화를 내서는 안 된다고 교육받지요.

감정노동자는 이런 자신의 노동을 통해 임금을 받아요. 이는 일종의 감정노동을 파는 것이 된다고 해서, 이것을 조금 어려운 말로

'감정의 상품화'라고 해요. 노동자의 실제 기분과는 상관없이 꼭 '좋은 감정'을 표현해야 임금을 받을 수 있다는 것이에요.

서로가 예의 있게 행동하여 노동자의 속마음과 외부로 드러내는 감정이 다르지 않은 경우도 있지만, 손님이 무례하게 행동하면 화가 날 수도 있어요. 그러면 감정노동자들은 자신이 느끼는 진짜 감정과는 다른 가짜 감정을 지속적으로 표현하게 되지요. 이런 일이 오래 지속되면 정신적으로 병이 날 수 있어요. 노동자의 몸도 마음도 해칠 수 있는 거죠.

감정노동을 하는 노동자도 사실은 나와 똑같이 기쁘거나 속상한 감정을 느끼는 사람이라는 것을 기억했으면 좋겠어요. 친절한 웃음과 밝은 목소리 속에 가려진 그들의 진짜 감정도 한번쯤 생각해 본다면 서로가 좀 더 예의 있게 행동할 수 있겠지요. 여러분 주위에 감정노동을 하는 분들은 또 누가 있을까요?

누군가를 돌보는 것도 노동이라고요?

우리는 과학 기술의 발달로 사람이 아닌 로봇이나 인공 지능(AI)이 많은 일을 해 주는 세상에 살고 있어요. 피자 가게에서 피자를 서빙해 주는 로봇을 만나는 일은 이제 더 이상 특별하지 않아요. 마치 머지않은 미래에는 사람이 할 수 있는 일이 모두 없어질 것만 같은 두려

운 마음이 들 때도 있어요. 하지만, 여전히 사람이 하는 일 중에 로봇이 대신해 주기 어려운 일도 많이 있답니다. 어떤 일들이 그럴까요?

여러분이 감기에 걸리거나 배탈이 나서 누워 있을 때 누군가 여러분을 정성껏 돌봐 줬을 거예요. 또 여러분이 좋아하는 음식을 맛있게 만들어 주고, 건강하게 지낼 수 있도록 깨끗한 옷이나 잠자리를 준비해 주는 것, 그리고 숙제를 도와주거나 즐겁게 놀이를 할 수 있

도록 돌봐주는 분들을 떠올려 볼까요? 여러분이 동생을 돌보거나 부모님이 할머니, 할아버지를 돌보는 것을 본 적도 있을 거예요. 인간은 기술도 발전시키고 많은 화려한 기계와 물건을 만들어 내 강한 것 같지만, 사실은 누구나 돌봄이 필요해요.

돌봄노동은 가족 간에 서로 무료로 이루어지는 경우가 많아요. 그동안 우리 사회에서는 엄마나 할머니같이 여성이 돌봄노동을 전담해야 한다는 생각이 강했어요. 어린아이나 아픈 사람뿐 아니라 사회의 구성원 모두를 위해 돌봄은 꼭 필요한 노동이에요. 이러한 노동을 그동안 엄마나 할머니가 묵묵히 희생하면서 감당해 왔는데, 혹시 우리는 그것이 누구나 쉽게 할 수 있는 노동이라고 당연하게만 생각한 것은 아닌지 되돌아볼 필요가 있어요. 꼭 직장에 나가서 돈을 벌어야만 가치 있는 노동인 것은 아니에요. 집안에서의 돌봄노동이 없었다면, 여러분이 학교에 가서 즐겁게 공부하고 친구들과 노는 것도, 또 가족 중 누군가가 매일 출근해서 일하기는 어려울 테니까요.

가족이 우리 사회에 필요한 돌봄을 모두 해 주기에는 어려운 경우도 무척 많아요. 여러분도 할머니, 할아버지 또는 환자를 돌봐 주는 요양 보호사나 간병인을 만난 적이 있을 거예요. 이렇게 '돌봄'이라는 노동을 하고 임금을 받는 분들을 '돌봄노동자'라고 해요. 돌봄노동은 우리 사회에서 필수적인 일이지만, 그동안은 여성이 집안에서 쉽게 해 온 일로 간주되어 일자리에서도 그 가치가 낮게 평가되었어요. 하지만 돌봄노동은 로봇도 대신해 주기 어려운 필수노동이에요. 또 건강하고 인간다운 삶을 살기 위해서는 꼭 필요한 노동이고요. 우리 주위의 돌봄노동을 살펴보고, 그분들의 노동에 고마워할 수 있으면 좋겠어요.

> 꼭 직장에 나가서 돈을 벌어야만 가치 있는 노동인 것은 아니에요. 집안에서의 돌봄노동이 없었다면, 여러분이 학교에 가서 즐겁게 공부하고 친구들과 노는 것도, 또 가족 중 누군가가 매일 출근해서 일하기는 어려울 테니까요.

6 모두가 잠든 밤에 일하는 사람들이 있다고요?

 여러분은 주로 몇 시에 꿈나라로 가나요? 여러분이 재미있는 하루를 보내고 숙제까지 끝내면 이제 잠잘 시간이에요. 까맣고 부드러운 담요가 우리를 감싸는 것 같은 밤이 되면 하루를 마무리하고 달콤하게 잠에 빠져들어요. 사람들은 대부분 해가 뜨면 일어나 하루를 시작하고 밤이 깊어지기 시작하면 하루를 정리하고 다음 날을 위해 잠

을 자요. 하지만 모두가 잠자는 이 시간에 일을 하는 사람들이 있어요. 깊은 밤부터 이른 새벽까지 깨어 있는 이들은 누구일까요?

우리 사회의 안전을 지키기 위해서, 늦은 밤 도움이 필요한 사람들을 위해, 밤에도 일을 하는 분들이 있어요. 대표적으로 경찰과 군인이 있지요. 이분들이 그 시간에 자지 않고 이곳저곳을 꼼꼼하게 살피고 지켜 준 덕분에 우리가 안전하게 잘 수 있는 거예요. 또 몸이 아파 병원에 입원해 있거나 요양원에 있는 분들은 밤에도 간호와 돌봄이 꼭 필요해요. 이렇게 밤에 일하는 것을 '야간노동'이라고 해요.

그런데 야간노동은 인체에 해로울 수 있어서 주의가 필요해요. 세

세보건기구(WHO)에서는 이미 세계 곳곳의 의사와 전문가 들이 모여 야간노동은 암을 유발할 수 있으니 조심해야 한다고 경고도 했어요. 노동자의 안전을 지키기 위해 있는 우리나라의 「산업안전법」에서도 깊은 밤에 8시간 넘게 계속해서 일하는 것은 몸에 해로울 수 있다고 했어요. 그래서 꼭 해야만 하는 야간노동이라도 매일 이어서 하지 않고 일정 시간은 반드시 휴식을 취하거나, 다른 노동자와 교대로 일할 수 있도록 해야 해요. 기업은 노동자에게 밤에도 일을 맡기려면, 낮에 받는 임금보다 더 높은 임금을 주어야 해요.

 하지만 최근에는 더 높은 임금은커녕 정해진 휴일이나 휴식 시간도 없이 매일 야간노동만 하는 사람이 많이 늘어났어요. 특히, 온라인으로 음식이나 물건을 주문했을 때 이것들을 포장하고 박스에 담거나, 또 배달해 주는 분들이 밤새 일하는 경우가 많아졌어요. 기업들은 서로 경쟁하면서 1초라도 더 빨리 배달하는 것이 소비자를 위한 것이라고 하지만, 그러는 사이 안타깝게 돌아가신 택배 노동자들이 부쩍 많아진 것에 대해 우리는 함께 고민해야 해요. 기업의 이윤보다, 소비자가 로켓처럼 빨리 물건을 배달받는 것보다, 야간노동을 하는 분들의 생명과 건강이 더 중요한 것 아닐까요?

7 회사에 나가지 않고 일하는 직업도 있나요?

여러분은 어른이 되어 일하고 있는 자신의 모습을 상상해 본 적이 있나요? 졸린 눈을 비비며 일찍 일어나 서둘러 회사에 출근하고, 같은 장소에서 하루 종일 일하다가 집에 돌아와 하루를 마무리할까요? 20년, 30년 후에는 사람들이 어떤 모습으로 일하고 있을지 무척 궁금해요. 사람들이 일하는 방식과 일의 모습이 지금과는 많이 다를 것 같아요.

이미 지금과 20년 전을 비교해 봐도, 과거와는 다른 방식으로 일하는 사람이 많이 늘어났거든요. 예전에는 일정한 장소에서 정해진 시간 동안 한 명의 사람에게 고용되어 일하는 사람이 많았다면, 이제는 일정한 장소도 아니고, 정해진 시간도 없을뿐더러 자신에게 일을 부탁하거나 지시하는 사람도 여러 명인 상태로 일하고 있는 사람들이 많이 있어요. 그중 하나가 바로 프리랜서예요.

프리랜서는 영어로 프리(free)와 랜서(lancer)를 합한 단어예요. '프리'는 자유롭다는 뜻이고, '랜서'는 말에 올라타서 손에 창을 들고 전쟁에서 싸우는 병사라는 뜻이에요. 프리랜서는 이렇게 '자유로운 병사'라는 말에서 시작되었다고 해요. 옛날에 유럽에는 이렇게 말을

타고 다니는 프리랜서라는 병사들이 있었는데, 이들은 자유롭게 소속을 바꾸고 여러 전쟁을 찾아다니며 싸워 주고 돈을 받았거든요. 이러한 유래를 가진 프리랜서는 현대사회로 넘어오면서 독립적으로 자신의 선택에 따라 원하는 시간과 장소에서 일하고, 또 여러 명으로부터 일을 부탁받고 일하는 노동자를 의미하게 되었어요.

과학 기술이 발전해 이제는 온라인으로 연결되어 있으면 거리와 장소에 상관없이 어디서든 일을 할 수 있어요. 그래서 프리랜서는 일하는 장소와 시간도 비교적 자유롭게 선택할 수 있어요. 유럽 어느

나라에서 살면서 한국 회사의 일을 할 수 있지요. 이렇게 자유로워서 좋은 점도 많지만 나쁜 점도 있어요. 매달 소득이 일정하지 않거나 또 일하는 시간과 쉬는 시간이 구분되지 않아 늘 스트레스를 받을 수도 있거든요. 일할 장소와 필요한 물건도 스스로 모두 준비해야 해요. 그럼, 프리랜서도 즐겁고 안정적으로 일할 수 있으려면 어떤 규칙이나 정책이 필요할까요?

2.
모두가 행복하게 일할 수 있나요?

8 노동과 환경은 어떤 사이인가요?

 사람들은 누구나 편안한 집에서 깨끗한 옷을 입고, 사랑하는 가족이나 친구들과 맛있는 음식을 나눠 먹는 즐거운 삶을 살고 싶어 해요. 행복하고 인간다운 삶을 위해 일을 해서 돈을 벌고, 그 돈으로 살아가지요. 그런데 우리 주변에서 이루어지고 있는 많은 노동은 지구별의 푸른 숲과 바다, 그리고 맑은 공기와는 어떤 연결고리가 있

을까요?

　100년 전쯤에는 한국뿐 아니라 다른 국가들에도 농부가 많았어요. 그때는 농부들이 하는 노동과 자연이 서로 사이가 괜찮았던 것 같아요. 봄, 여름, 가을, 겨울, 그리고 이른 아침과 캄캄한 밤의 순환이라는 자연의 흐름에 사람들도 호흡을 맞추며 일을 했거든요. 하지만 기술이 발전하고 기계로 가득한 공장들이 생기면서 사람들의 일하는 모습이 많이 달라졌어요. 도시 사람들은 밤에도 환하게 불을 밝히고 밤낮없이 일하기도 하고, 공장에서는 짧은 시간 안에 뚝딱뚝딱 많은 물건을 만들 수 있게 됐죠. 도시와 공장에서 일하는 사람이 점점 늘면서 좋은 옷과 물건을 살 수 있는 사람들이 많아졌어요. 사람들의 삶은 이전보다 편안하고 멋지게 나아진 것 같기도 해요. 하지만 지난 그 100년의 시간 동안 사실은 이 지구별에 큰 문제가 생기기 시작했어요. 그것은 바로 심각한 환경오염이에요.

지금까지 사람들이 해 온 노동의 많은 부분은 우리의 자연환경을 해치는 경우가 많았어요. 멋진 옷의 재료인 목화솜을 많이 얻으려고 목화를 재배하는 땅에 농약이나 해로운 비료를 뿌려서 땅이 오염되기도 하고, 옷 공장에서는 그것을 가공하는 과정에서 오염된 가스나 물이 나와요. 장난감이나 핸드폰을 만드는 과정에서도 화석 연료를 사용하기 때문에 공기가 오염되고, 쓰다 버려진 플라스틱은 썩지 않아서 땅을 병들게 해요. 만든 물건을 배달하거나 회사에 일하러 가기 위해 사람들은 자동차를 타는데 그 자동차에서 또다시 많은 매연이 나와요.

사람들이 자연스럽게 하는 많은 노동이 자연 입장에서는 전혀 반갑지 않을 수 있어요. 우리가 지금과 같은 노동의 모습에 익숙해져서 당연하게 보이는 것이 많지만, 지구는 이미 매우 병들어 있어요. 환경을 해치지 않으면서도 노동을 하며 행복하게 살 수 있는 방법을 찾아야 해요. 즐겁게 일하면서도 푸른 자연을 아프지 않게 할 수 있도록, 노동과 환경의 새로운 관계를 우리 함께 만들어 가요.

9 플랫폼 노동이 뭐예요?

 인류의 역사를 살펴보면 사람들이 일하는 방식과 모습이 그동안 많이 변해 온 것을 알 수 있어요. 노동의 모습이 변하게 된 데는 여러 이유가 있지만 그중에서도 과학 기술의 발전이 큰 영향을 주었어요. 사람들은 자연의 흐름에 따라 농사를 지으며 일하다가, 기계와 전기를 이용하게 되면서 공장이나 도시에서 일하는 사람이 많아졌어요. 최근에는 인터넷 같은 정보 통신 기술이 더 발전하면서 '플랫폼 노동자'가 늘어났어요.

 플랫폼(platform)은 원래 역에서 기차를 타고 내리는 곳을 뜻하는데, 우리말로는 정류장이나 승강장과 비슷해요. 기차역 플랫폼에는 타는 사람과 내리는 사람들이 있고, 그곳에서는 짐을 화물칸에 싣기도 하고 내리기도 하지요. 마찬가지로 플랫폼 기업은 상품을 만들거나 노동자를 직접 고용하지 않아요. 주로 여러 사람을 서로 연결시켜 주거나 중개하는 역할을 하면서 돈을 벌어요. 이런 플랫폼 기업을 통해 일을 하는 사람들을 '플랫폼 노동자'라고 부르는데, 일하는 방식이나 고용 관계, 그러니까 노동자와 노동자를 고용한 사람이 맺는 관계가 지금까지의 일반 회사와는 많이 달라요. 예를 들어, 플랫폼 기업이 만든 애플리케이션(앱)을 통해서 사람들이 음식이나 물건을 주문하면, 음식점이나 상점에서 음식과 상품을 만들어요. 그리고 플랫폼 노동자는 '콜'이라는 앱의 알림을 받고 다 만들어진 음식과 상품을 해당 음식점이나 상점에서 받아서 그것을 주문한 사람들에게 전달해요. 플랫폼 노동자는 맛있는 음식이나 책, 옷과 같이 만들어진 것을 배달하는 것뿐 아니라, 청소 일이나 돌봄과 같은 서비스를 제공하러 다양한 장소로 가서 일을 하기도 해요.

　플랫폼 노동은 앱을 통해 누구나 쉽게 일거리를 찾아 돈을 벌 수 있다는 장점이 있어요. 하지만 노동자를 위한 기존의 법과 제도가 플랫폼 노동자를 충분히 보호하지 못해 생기는 문제도 많아요. 이를테면, 배달 플랫폼 노동자가 배달 중에 사고가

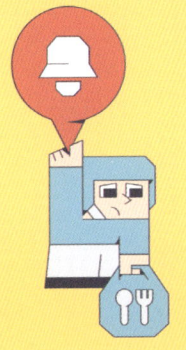

나서 다치게 되면 어떻게 될까요? 보통 근로자는 업무 중에 재해를 입게 되면 소속된 회사에 재해 보상을 청구할 수 있어요. 하지만 플랫폼 노동자는 그런 보상을 청구할 수 없는 경우가 대부분이에요. 어느 한 곳과 계약을 맺은 게 아니니까요.

노동자는 적어도 어느 정도의 돈을 받아야 하는지, 하루에 몇 시간을 일하고 최소한 얼마만큼의 휴식 시간을 가져야 하는지 등 우리 사회에는 노동자의 건강과 인권을 위해 정해 놓은 규칙과 법이 있어요. 하지만, 플랫폼 노동자는 노동자로 인정받지 못하는 경우가 많아서, 법의 보호를 받기 어려워요.

앞으로도 기술은 점점 더 발전하고 사람들은 플랫폼 기업이 만든 앱을 더 많이 사용하게 될 거예요. 플랫폼 노동자도 행복하고 안전하게 일할 수 있도록 그들을 지켜 주는 법과 제도가 얼른 만들어졌으면 좋겠어요.

10 '필수노동자'가 있다고요?

놀이터에서 놀다가 해가 저물어 집으로 돌아가는 길에 문득 작은 새가 지저귀는 소리를 들은 적이 있나요? 주위가 고요해져야만 비로소 들리는 작은 소리들이 있지요. 우리는 지난 몇 년간 코로나19라는 전 세계적인 재난을 겪으면서 새삼 알게 된 존재들이 있어요. 모두들 감염의 위험을 피해 일상을 잠시 멈추고 사회적 거리두기를 할 때도, 감염의 위험을 무릅쓰고 일을 계속하는 사람들이 있다는 것을 알게 되었죠.

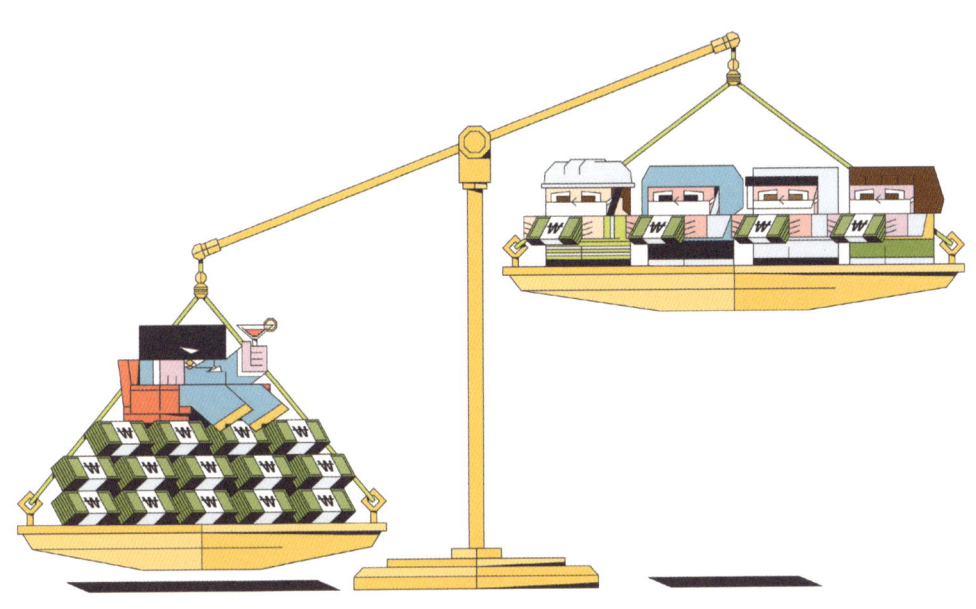

감염병에 걸리지 않기 위해 학교에 가는 대신 집에서 온라인 수업을 했고, 회사로 출근하는 대신 집에서 컴퓨터로 일하는 사람들이 많아졌어요. 하지만 모두가 똑같이 감염의 위험을 피하면서 일할 수 있었던 것은 아니에요. 코로나19라는 재난 중에도 우리 사회의 일상이 유지될 수 있도록 잘 보이지 않는 곳에서 열심히 일하고 있던 노동자들이 있었어요. 사람들의 생명과 안전의 보장을 위해 꼭 필요한 핵심 서비스를 제공하는 일에 종사하는 분들인데, 이런 일을 하는 사람들을 필수노동자라고 불러요. 대표적으로 간호사, 배달 노동자, 환경미화원 같은 분들이에요. '필수'는 꼭 필요하다는 뜻이니깐 '필수노동'도 우리 사회에 살고 있는 모두를 위해 꼭 필요한 노동이라는 뜻이에요.

코로나19 재난 상황에서도 사람들은 배달 노동자 덕분에 꼭 마트나 음식점에 가지 않아도 음식과 먹거리를 안전하게 집에서도 먹을 수 있었어요. 집 앞의 쓰레기를 청소해 주는 청소노동자가 없다면 집 앞은 물론이고 거리가 온통 쓰레기로 넘치겠지요. 간호사와 요양보호사는 아프거나 돌봄이 필요한 사람들을 위해 평소보다도 몇 배나 더 힘들게 일했어요.

필수노동자는 재택근무를 할 수 없고 일하는 장소에 꼭 나와서 일해야만 한다는 공통점이 있어요. 그래서 필수노동자는 감염에 노출되기 쉬워요. 또 필수노동자는 우리들의 삶이 유지되는 데 있어 꼭 필요한 노동을 하고 있지만, 노동의 가치를 제대로 평가 받지 못해 임금이 낮은 경우도 많아요. 우리 사회를 위해 꼭 필요한 노동을 하고 있는 필수노동자가 낮은 임금에다가 감염의 위험까지 감내하며 일하고 있다니 너무 속상해요.

필수노동자가 하는 일이 얼마나 우리에게 소중한지 이해하고 이분들의 안정적인 삶을 보장하고 건강을 지켜 줄 수 있는 방법은 무엇일까요?

11 자신을 스스로 고용한 사람들이 있다고요?

　학교 근처에 있는 문방구에는 정말 재미난 것들이 가득해요. 반짝이는 예쁜 반지와 딱지, 스티커, 색종이와 연필과 같은 학용품까지. 또 부모님과 함께 가는 시장 골목 여기저기에는 반찬 가게나 과일 가게 등 작은 가게들이 촘촘히 들어서 있지요.

　떡볶이집이나 김밥 가게 같은 동네의 작은 음식점에서 맛있는 것을 먹어 본 날을 떠올려 보세요. 그런 가게의 주인들은 음식을 만들다가도 계산대 앞에서 돈을 받고, 또 물건 진열대를 정리하는가 하면 어느새 나가는 손님한테서 물건 값을 계산하지요. 이렇게 주로 작은 가게나 음식점을 스스로 열고 그곳에서 일하고 있는 분들을 '자영업자'라고 해요. 자영업자는 '자기 사업을 하는 사람'이라는 뜻인데, 다른 말로는 '자신에게 고용된 사람'이라는 뜻이기도 해요. 자영업자는 자신이 할 일과 일할 시간을 스스로 정해서 일을 해요. 그래서 회사에서 사장님의 지시를 받아 일하고 돈을 버는 '임금노동자'와는 다른 점이 많아요.

　몸살감기라도 걸리면 가게 문을 닫고 잠시 일을 쉬어야 할 텐데, 그러면 쉬는 날만큼 곧바로 소득이 줄어들어요. 또 손님이 많은 날도 있지만 너무 적은 날도 있어서 소득이 일정하지 못한 경우도 많아요. 아무리 열심히 일해도 가게 근처에 갑자기 대형 마트나 유명한 프랜차이즈 음식점이라도 생기면 손님이 줄어들어 문을 닫아야 할 수도 있어요. 또 정해진 휴가 기간이 따로 없어서 다른 사람들이 쉬는 공휴일이나 휴가철에 마음 편히 쉬기 어려운 경우도 많아요.

자영업자 중에는 다른 사람이 시키는 일

을 하기보다는 자신이 좋아하는 일을 하기 위해 스스로 가게를 연 사람들이 있어요. 또 자영업자이지만 사람을 많이 고용해서 일을 나누어서 할 수도 있어요. 하지만, 자영업자 중에는 자신을 고용해 주는 회사가 없거나, 있어도 좋지 않은 일자리뿐이라서 어쩔 수 없이 하게 된 경우도 많아요. 우리나라에서 일하는 사람 중 네 명 가운데 한 명이 자영업자라고 해요. 이분들이 행복하고 안정적으로 일할 수 있으면 좋겠어요.

12. 학습지 선생님이 자영업자라고요?

주기적으로 집에 방문하는 가스 검침원, 냉장고나 텔레비전이 고장 났을 때 수리하러 오는 수리 기사님, 수학이나 영어를 가르쳐 주러 오는 학습지 선생님 들을 떠올려 보세요. 이분들은 회사에 취직한 임금노동자일까요? 아니면 자영

업자일까요? 자영업자는 자신이 할 일과 일할 시간을 스스로 정해서 일해요. 그래서 회사에 취직해서 사장님의 지시를 받아 일하고 돈을 버는 '임금노동자'와 다른 점이 많다고 했지요? 그런데 자영업자인데도 정작 자율성은 없고, 임금노동자처럼 다른 누군가가 시키는 일을 해야 하는 사람들이 있어요. '종속적 자영업자'라고 해요.

종속적 자영업자는 자영업자인 것 같지만 사실은 임금노동자처럼 일하기 때문에, 임금노동자도 자영업자도 아닌 모호한 고용 관계로 일하는 분들이에요. 이분들은 정해진 회사에 출근하는 것은 아니지만 또 그렇다고 자기 사업을 자유롭게 하는 것은 아니라서 임금노동자와 자영업자 사이의 회색지대에서 일하고 있어요. 그렇다 보니 여러 위험에 더 노출되는 경우가 많아요. 자영업자와 같이 자신이 스스로 일하는 시간과 할 일을 정해서 일하기는 어려우면서도, 일하는 중에 사고를 당하거나 휴가 또는 휴식이 필요할 때 임금노동자

처럼 회사에서 함께 책임지며 도와주지는 않거든요.

종속적 자영업자는 조금 어려운 말로 '특수형태근로자'라고도 부르는데, '가짜 자영업자' 또는 '위장된 자영업자'와 같이 이분들을 부르는 단어도 다양해요. 종속적 자영업자는 여러 사회적 보호를 받지 못하는 경우가 많아요. 회사에서 일하는 노동자를 보호하는 「근로기준법」에 따르면 이분들은 근로자가 아니고 자영업자로 분류되거든요. 하지만 돈을 버는 방식을 보면 실제로는 주로 한 명의 사장 또는 한 회사와 계약을 맺어 일하고, 일하는 시간과 장소, 그리고 하는 일도 자유롭게 선택하거나 변경하기 어려워요. 마치 회사에 다니는 임금노동자처럼 사장이 시키는 일을 해야 해요.

한 회사에 취직하여 일하는 것같이 여러 일을 시키지만, 정작 회사에서는 종속적 자영업자가 도움이 필요할 때 우리 직원이 아니라고 말한대요. 회사를 위해 일하고 있는 종속적 자영업자들을 회사에서 좀 더 보호해 줄 필요가 있어요. 우리 주위에는 사실 종속적 자영업자가 많이 있어요. 무엇보다 이분들도 노동법의 보호를 받고, 안정적으로 일할 수 있으면 좋겠어요.

13 이주노동자에게는 더 적은 임금을 줘도 되나요?

우리나라에는 다양한 피부색을 가진 사람들이 함께 일하고 있어요. 돈을 벌기 위해 자신이 태어난 지역이나 나라가 아닌 다른 곳으로 건너가 일하는 사람을 '이주노동자'라고 하는데 우리 주변에도 많아요. 미국이나 캐나다, 유럽에서 건너오기도 하지만, 캄보디아, 네팔, 방글라데시, 베트남과 같이 아시아의 다른 국가에서 온 이주노동자가 특히 많아요.

우리나라의 이주노동자는 주로 제조업, 건설업 그리고 농업 분야에서 일하고 있어요. 우리들이 철마다 신선한 채소와 과일을 맛있게 먹을 수 있는 것도 이 이주노동자들이 열심히 일해 주기 때문이에요. 우리나라에 있는 수많은 작은 공장의 사장들은 같이 일해 줄 노

동자를 찾지 못해 고민이 많아요. 그런데 이주노동자들이 그런 공장에서 일하며 가구나 작은 부품을 만들어 준 덕분에 이렇게 우리가 좋은 물건을 비싸지 않은 가격에 살 수 있어요. 이주노동자는 우리나라 경제에도 도움이 되고, 또 그들이 자기 나라의 다양한 문화를 우리에게 소개해 주기 때문에 다른 나라에 대해서 배울 수도 있어요.

　우리나라 사람들도 예전에 독일이나 미국에 건너가 돈을 벌었고, 이제는 더 다양한 나라에서 일하고 있어요. 교통이 발달해서 다른 나라로 이동하는 것이 훨씬 더 쉽고 자유로워졌고, 인터넷을 통해서 다른 나라의 기업과 일자리에 대해서도 많이 알 수 있으니까요. 그래서 이제는 세계 어느 나라에서나 다양한 피부색을 가진 사람들이 같이 일하는 것이 자연스러워졌어요.

　그런데 우리나라의 이주노동자들은 차별을 많이 겪고 있어요. 안전장치 없이 위험하게 일하거나, 긴 시간 노동을 하고도 임금을 제대로 받지 못하기도 해요. 한국 사람보다 더 숙련된 기술을 가지고도 이주노동자라는 이유로 더 낮은 임금을 받는 일이 터무니없이 많아요. 때로는 이유 없이 놀림과 혐오의 대상이 되기도 해요. 누구라도 단지 피부색이 다르다는 이유로 차별받는 것은 싫을 거예요. 우리 지구별에 함께 사는 다양한 피부색의 노동자들이 모두 존중받으며 일할 수 있으면 좋겠어요.

12. 청소노동자는 왜 우리 눈에 잘 보이지 않을까요?

외국 사람들이 우리나라에 놀러 오거나 하면, 지하철과 기차 안, 그리고 공공화장실이 항상 깨끗해서 깜짝 놀란다고 해요. 한국 사람들은 쓰레기를 함부로 버리지 않는 것 같다고 칭찬하곤 해요. 하지만 우리 주변의 많은 곳이 그렇게 늘 깨끗할 수 있는 것은 사실 청소노동자 덕분이에요. 우리들이 집 밖에서 마주하는 대부분의 공간은 청소노동자들의 노동으로 청결하게 유지되고 있어요.

골목의 쓰레기를 수거하거나, 지하철이나 버스 같은 대중교통 수단의 청소는 대부분의 사람들이 아직 잠들어 있는 이른 새벽 시간에 이루어져요. 학교 건물의 복도와 화장실 청소도 주로 사람들이 사용하지 않는 시간에 하지요. 청소노동자는 식사 장소나 화장실을 따로 사용해야 하는 경우도 있어요. 청소노동자의 휴게실은 잘 보이지 않는 건물의 구석 자리에 있거나 아예 없는 경우도 많아서 사람들은 청소노동자들이 식사를 하거나 쉬는 모습을 본 적이 별로 없을 것 같아요.

　청소노동은 우리 눈에 잘 보이지 않아요. 마치 공기처럼, 보이지는 않아도 꼭 필요한 노동을 하는 청소노동자는 우리가 생각지도 못했던 이유로 고통을 경험해요. 학교 복도에 큰 거울을 여러 개 두면 여러분에게는 멋진 일이 될 수도 있지만 청소노동자는 같은 시간에 거울도 닦아야 해서 일이 몇 배나 힘들어져요. 사람들이 쏟은 음료나 음식이 바닥에 말라붙으면 청소노동자는 그것을 닦아 내기 위해 강한 세제를 사용하기도 하는데, 이로 인해 피부나 호흡기에 문제가 생겨요. 사람들이 무심코 버린 쓰레기로 변기가 막혀 더러운 물이 복도까지 흘러나오는 경우도 많아요.

　청소노동은 우리 주변에서 끊임없이 이루어지고 있지만 사람들은 잘 알아차리지 못하죠. 우리가 무심코 하는 행동이 청소노동자에게는 보이지 않는 큰 고통이 될 수 있어요. 우리는 서로 연결되어 있다는 것을 떠올리며 청소노동자의 어려움을 어떻게 줄일 수 있을지 함께 고민해 보면 좋겠어요.

3.
모두가 안전하게 일할 수 있나요?

15 과학 기술이 노동자에게 도움이 될까요?

초고속 인터넷, 스마트폰과 태블릿뿐 아니라 화상 통화와 화상 수업은 이제 자연스러운 것이 되었어요. 음식점에 가면 주문을 받아 주는 키오스크, 로봇과 AI(인공 지능)까지 우리 주위를 살펴보면 과학 기술이 정말 많이 발전한 것을 느낄 수 있어요. 여러분도 알게 모르게 기술 발전을 도와주고 있어요. 여러분이 즐겨 사고 먹는 것, 어떤 곳에 놀러가고 어떤 게임을 좋아하는지가 기록되어, 빅데이터로 쌓이게 돼요. 빅데이터가 '알고리즘'이라는 기술과 만나 만들어지는 AI는 인간의 행동을 미리 예상하고 우리가 좀 더 편리한 생활을 하게 도와주거든요.

그런데 과학 기술이 우리 사회에서 일하고 있는 많은 노동자들에게 정말 도움이 되는 것일까 하는 질문을 해 볼 필요가 있어요. 왜냐하면, 결국 과학 기술은 노동을 하며 살고 있는 우리를 좀 더 행복하게 하는 데 그 목적이 있는데, 오히려 노동하는 사람들의 삶을 더 힘들게 한다면 목적이 뒤바뀐 셈이잖아요.

퀴즈를 내 볼게요. 동네별로 쓰레기통이 가득 찬 곳을 알려주는 기술을 도입해서 청소노동자가 쓰레기통이 꽉 찬 동네만 갈 수 있도록 했대요. 그런데 얼마 후에 보니 이분들의 어깨와 손목이 이전보

다 훨씬 더 아프게 되었대요. 왜 그랬을까요? 그동안은 정해진 경로에 따라 쓰레기를 수거하면 꽉 찬 쓰레기통도 있고 좀 더 가벼운 쓰레기통도 있었는데, 이제는 항상 꽉 찬 쓰레기통만 수거해야 해서 청소노동자들은 오히려 일이 훨씬 힘들어진 거예요.

또 여러 상담을 해 주는 콜센터에서는, 노동자들이 전화 상담을 하기 전에 사람이 아닌 인공 지능 챗봇이 먼저 상담을 도와주는 기술을 도입했어요. 그런데 콜센터 노동자들의 스트레스가 더 높아진 거예요. 왜 그랬을까요? 예전에는 쉬운 상담도 있고 어려운 상담도 있었는데, 이제는 같은 노동 시간에 챗봇으로는 해결되지 않는 어려운 상담만 더 많이 하게 되었거든요.

과학 기술은 원래의 의도와 다르게 우리가 생각지도 못한 방법으로 노동자를 더 힘들게 하기도 해요. 우리에게 필요한 것은 모두가 함께 행복하게 일하며 살 수 있는 '좋은' 기술이에요. 과학 기술이 일하는 사람들도 함께 행복할 수 있도록 발전하려면 어떤 방법이 있을까요?

16 아프면 가난해진다고요?

　배가 아파서 아무것도 먹을 수 없거나, 몸살감기 때문에 온몸에 힘이 쭉 빠지고 열이 나면 정말 괴로워요. 바로 놀거나 공부하는 걸 잠시 멈추고, 쉬어야 하죠. 많이 아프면 병원에 다녀오거나 약을 먹어야 하고요. 그렇게 충분히 쉬다 보면, 어느새 몸이 나아지고, 다시 신나게 놀 수도 있지요.

　사람은 누구나 병에 걸리거나 사고로 다치거나 해서 아플 수 있어요. 일하는 노동자도 아프면 일을 멈추고 쉴 수 있어야 해요. 그렇지 않으면 건강이 더 나빠질 수 있고, 감염병에 걸렸다면 다른 사람에게 옮길 수도 있어요. 하지만 우리나라의 많은 노동자들은 아파도 쉬지 못하고 일해요.

　하루하루 버는 돈이 소중한 노동자는, 아파서 일을 쉬게 되면 벌 돈이 곧바로 줄어들잖아요. 그래서 아파도 참고 일해요. 평소에 직장에서 자신과 동료들이 하는 일이 너무 많은 경우, 내가 아파서 조금이라도 쉬면 다른 동료의 일이 갑자기 많아질까 미안해서 쉬기 어려워하기도 해요. 또 아픈 사람은 건강한 사람만큼 일을 못할 거로 여기는 회사에서 먼저 그만두라고 할 때도 있어요. 이렇게 아파서 쉬면 회사에서 잘리거나 소득이 너무 줄어들까 봐 걱정되어, 아파도 참고 일하는 노동자가 우리 사회에는 많아요. 그러다가 치료 시기를 놓쳐서 완전히 건강을 잃고 일을 영영 할 수 없게 되기도 해요. 그러면 더 이상 돈을 벌지 못하니 가난해져요.

아파도 쉬지 않고 일을 해서 돈을 벌어야만 인간답게 살 수 있는 사회는 좋은 사회가 아니에요. 누구도 아프고 싶어서 아픈 사람은 없어요. 아픈 것도 속상하고 힘든데, 일자리마저 잃고 가난을 걱정해야 한다면 정말 슬플 것 같아요. 우리는 아프면 나아질 때까지 잠시 일을 멈추고 쉬어도 괜찮은 사회와 일터를 원해요. 아픈 노동자도 가난해질 위험 없이 인간다운 생활을 할 수 있어야 해요.

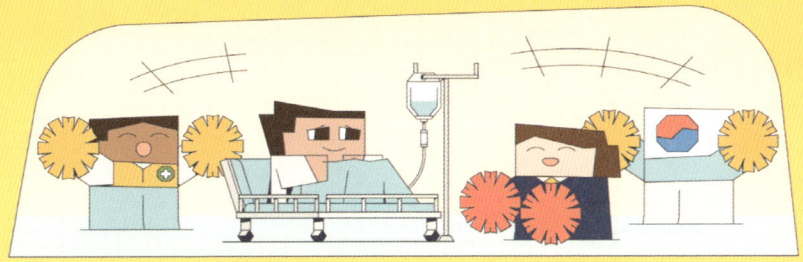

우리는 아프면 나아질 때까지 잠시 일을 멈추고 쉬어도 괜찮은 사회와 일터를 원해요. 아픈 노동자도 가난해질 위험 없이 인간다운 생활을 할 수 있어야 해요.

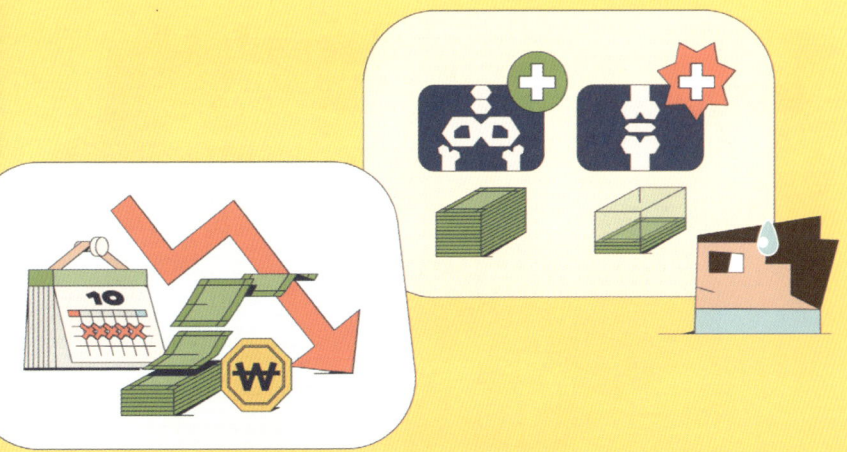

17 '시간 빈곤자'가 있다고요?

24시간으로 이루어진 하루 동안 여러분은 무엇을 하나요? 학교에서 공부하고 친구들과 재미나게 놀고 집에서는 TV를 보거나 게임도 해요. 가족과 밥도 먹고 잠도 자야지요. 일을 해서 돈을 버는 사람들도 하루 종일 일만 할 수는 없어요. 일상생활을 위해 청소나 요리도 해야 하고 식사도 하고 잠도 부족하지 않게 잘 수 있어야 해요.

돈을 벌기 위해 꼭 일해야 하는 시간도 있고, 돈을 버는 것은 아니지만 청소나 '가족 돌봐 주기'같이 꼭 필요한 일을 해야 하는 시간도 있어요. 잠자거나 식사를 하는 시간도 필요해요. 이렇게 하루 24시간에서 최소한의 생활을 유지하기 위해 사용하는 시간을 빼고 남는

시간을 '자유 시간' 또는 '여가 시간'이라고 해요. 자유 시간은 정말로 자신이 원하는 것을 마음대로 할 수 있는 시간이에요. 그런데 우리 사회에는 자유 시간이 많은 '시간 부자'도 있지만, 그렇지 않은 '시간 빈곤자'도 있어요.

　우리나라에는 자유 시간이 부족한 사람이 많아요. 돈을 벌기 위해 일하는 시간이 너무 긴 노동자가 많거든요. 한국 노동자가 일하는 시간은 다른 나라에 비해 너무 길어서

올림픽처럼 '장시간 노동'의 순위를 매기면 매번 한국이 1등이나 2등을 차지해요. 너무 오랫동안 일하는 것은 건강에도 좋지 않아요. 친구나 가족과 시간을 보낼 수도 없어요. 자기가 하고 싶은 것을 할 수 있는 자유 시간이 너무 짧으면 행복감도 줄어들어 우울해질 수도 있대요.

이렇게 일하는 시간이 너무 길면 몸과 마음의 건강이 위험질 수 있어서 우리나라에서는 특별한 경우가 아니면 일주일에 40시간, 하루에는 8시간 이내로 일하도록 규칙을 만들었어요. 하지만 정해진 시간보다 훨씬 길게 일할 수밖에 없어서 힘든 노동자가 한국에는 많아요. 누구에게나 자유 시간은 꼭 필요한데 말이에요. 모두가 일하는 시간을 조금씩 줄이고 자유 시간을 좀 더 늘린다면 우리 사회가 더 행복해지지 않을까요?

18 '알바생'이 꼭 챙겨야 할 권리에는 어떤 게 있을까요?

여러분 주위의 언니나 오빠, 형, 누나 중에 '알바'(아르바이트의 준말) 하는 사람이 있나요? 알바는 본래 직업이 아니라 임시로 하는 일이에요. 하루 중 일하는 시간이 짧은 편이고, 매일 출근하지 않기도 하죠. 그래서 알바를 단시간 노동이라고 해요. 파트 타임 노동과도 같은 말이에요. 여러분이 자주 가는 편의점에서 계산해 주는 분이나 음식점에서 서빙해 주는 분들은 알바로 일하고 있는 경우가 많아요.

알바 노동을 하는 사람들이 나이가 어린 경우가 많아서 어른들은 자주 '알바생'이라고 불러요. '용돈을 벌기 위해 잠시 일을 하는 학생'으로 생각하거든요. 하지만 나이가 어리든 학생이든 상관없이 노동하는 것이기 때문에, 정당한 대가를 받고 노동법에 따라 보호받아야 해요.

일을 했는데, 돈을 제때 주지 않거나, 법으로 정한 최저임금보다 적게 주는 것은 불법이에요. 사장과 알바생도 서로 간에 약속했다는 것을 표시하는 근로 계약서를 작성해야 해요. 알바생은 정해진 시간에 사장이 원하는 노동을 하는 대신에 사장은 약속한 월급을 정해진 날짜에 지급한다는 약속을 문서로 적어 두는 것이에요. 또

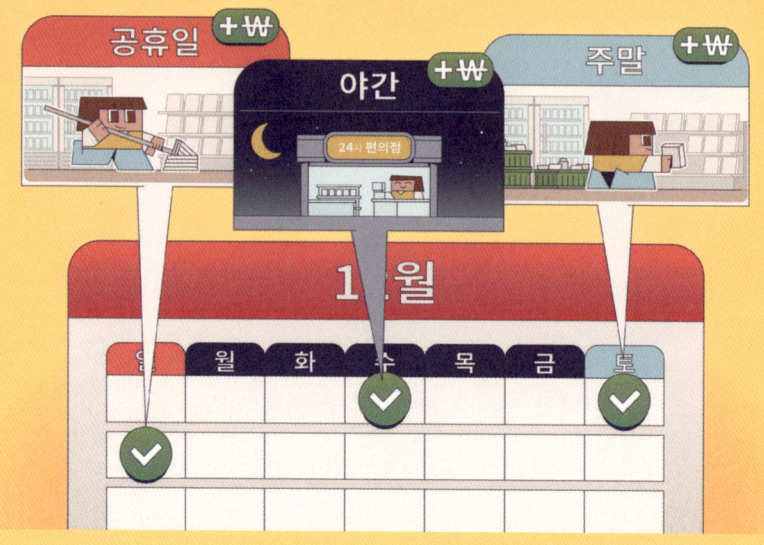

 일하고 나면 사장은 임금을 지급할 때 '임금 명세서'를 함께 주어야 해요. 일한 대가가 어떻게 정해진 것인지를 자세하게 정리한 것이에요. 시간당 지급 금액과 총 지불 금액의 계산 방법, 야간이나 주말에 일했을 때의 임금 계산법 등을 자세하게 표시해 주어야 해요. 이런 근로 계약서와 임금 명세서는 알바생과 사장 모두 서로의 약속을 잘 확인할 수 있게 도와주지요.

 주로 학생이 용돈을 벌기 위해 했던 알바 노동을 지금은 다양한 나이의 사람들이 하고 있어요. 햄버거 가게에서 주문을 받는 할머니를 본 적이 있지요? 하루에 두세 시간만 지하철로 택배 알바를 하는

할아버지도 있고요. 사람들이 일하는 방식이나 시간도 다양해지고 있고 알바 노동은 점점 더 많아질 것 같아요. 하지만 일하는 시간이 짧다고 해서 보호받아야 할 권리까지 작은 것은 아니에요. 알바 노동자도 보호받아야 할 당연한 권리가 있어요.

19 여성의 일과 남성의 일이 따로 정해져 있는 건가요?

　병원에서 일하는 의사와 간호사를 생각해 보세요. 남자 간호사, 여자 의사를 떠올린 친구가 있나요? 이제 건축가와 무용수를 떠올려 보세요. 혹시 건축가는 남성이고 무용수는 여성이었나요? 우리도 모르는 사이 우리의 머릿속에 여성이 하는 일과 남성이 하는 일이 나뉘어 있어요. 하지만, 여성의 일과 남성의 일이 꼭 구분되어야 하는 것은 아니에요. 여성도 의사, 건축가, 비행기 조종사, 컴퓨터 프로그램 개발자 그리고 태권도 학원 사범님이 될 수 있어요. 남성도 간호사, 무용수, 메이크업 아티스트, 패션 디자이너 그리고 피아노 학원 선생님이 될 수 있어요.

이번에는 회사의 사장님과 직원 한 명을 떠올려 볼까요? 사장님은 남성이고 직원은 여성이었나요? 회사에서 중요하고 높은 자리에 있는 사람이 모두 남성이어야 하는 것은 아닌데, 그 자리에 있는 여성의 수는 남성보다 적어요. 여성도 똑같이 회사에서 열심히 일하고 능력도 좋은데 말이에요. 이렇게 여성이 남성만큼 열심히 일하고도 성별을 이유로 승진하지 못하는 것을 두고 여성에게는 '유리천장'이 있다고 표현해요. 사다리를 타고 올라가고 있는데 투명한 유리천장에 머리를 쾅 부딪쳐서 더 이상 올라가지 못한다는 뜻이에요. 눈에 보이지 않는 장벽이 있다는

것을 비유할 때 흔히 쓰는 말이지요.

　여러분은 남성과 여성이 하는 일이 처음부터 서로 다르게 정해져 있다고 생각하나요? 우리 사회에서 흔히 '남성의 일'과 '여성의 일'이라고 하는 것을 과연 누가 정한 것인지 생각해 보면 좋겠어요. 엉뚱하게도 사실은 별다른 이유도 없이 여성과 남성이 할 수 있는 일을 구분 지어 놓고 있는지도 몰라요. 성별과 상관없이 자신이 좋아하는 일을 멋지게 하며 행복하게 사는 사람들도 세상에 많이 있는데 말이에요.

20 학교는 왜 공짜인가요?

　학교에는 여러분의 책상과 의자가 있는 교실과 신나게 뛰어놀 수 있는 운동장, 재미있는 책들이 많은 도서관이 있어요. 점심시간에는 맛있는 급식도 나와요. 학교의 선생님과 영양사 선생님, 보건 선생님, 돌봄 선생님, 보안관 선생님 들은 여러분이 행복하고 건강하게 자랄 수 있도록 최선을 다하고 있지요. 그런데 이렇게 좋은 시설과 환경에서 많은 사람들이 여러분을 가르치고 돌보고 있지만, 학교에 다니기 위해서 돈을 내지는 않아요.

　우리는 부자이든 가난한 이든 누구나 유치원과 학교에 돈을 내지 않고도 교육과 돌봄을 받을 수 있는 나라에서 살고 있어요. 자녀가 있는 사람이나 없는 사람도, 돈을 많이 버는 사람이나 적게 버는 사람도 모두가 정해진 기준에 따라 국가에 세금이라는 돈을 내요. 국가는 모아진 돈으로 누구나 다닐 수 있는 유치원과 학교를 마련해요. 우리나라에 살고 있는 만 8세 미만의 어린이는 누구나 '아동수당'도 받아요. 모두가 함께 세금이라는 돈을 내고 여러분이 건강하고 밝게 자랄 수 있도록 힘을 합하는 것이에요. 우리 사회의 많은 사람들이 여러분과 같은 어린이를 함께 돌보고 있어요.

　한 집에서도 가족 중에는 일을 해서 돈을 벌 수 있는 사람도 있지만, 돌봐 주어야 할 아이나 노인이 있으면 서로 도와요. 여러분이 지금은 행복하고 건강하게 자라나길 모두가 바라고 있어요. 그리고 조금 더 자라면 주위에 돌봄과 도움이 필요한 사람들을 위해 여러분도 책임감을 가지고 도와주겠지요? 결국 우리는 지구, 국가, 그리고 우리 동네라는 큰 집에서 함께 서로 돕고 살아야 할 가족이니까요.

21 '직장 갑질'이 뭐예요?

회사에서는 보통 여러 사람이 함께 모여 일하지요. 다른 사람과 일을 할 때 누구나 기본적인 규칙이 지켜지고 존중받으며 일하고 싶을 거예요. 하지만 그렇게 가장 기본적인 것이 잘 지켜지지 않는 일이 많아요. 만약 사장님같이 높은 지위에 있는 사람이 상대방을 무시하고 원칙도 없이 자기 멋대로 무례하게 일을 시키면 어떻게 될까요? 이런 걸 '직장 갑질' 또는 '직장 내 괴롭힘'이라고 하는데, 아마 한 번쯤 들어 봤을 거예요.

주말에 일하거나 밤에 일하면 월급에서 추가로 임금을 더 주는 것이 맞아요. 쉬고 싶거나 가족이나 친구들과 여행을 가고 싶을 경우 연차 휴가를 사용할 수 있어야 해요. 일을 마친 뒤에는 집에 가서 쉬

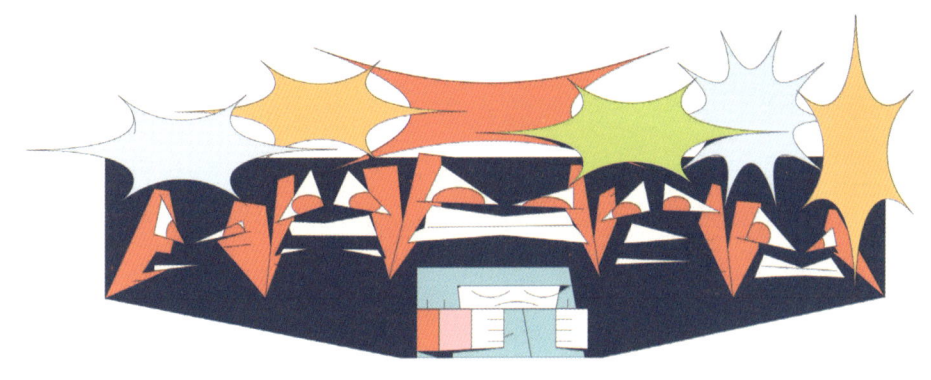

거나 자신이 하고 싶은 취미 생활을 하는 것은 일하는 사람의 당연한 권리예요. 그 시간에 원하지 않는 회식을 하거나 술을 마시러 가는 것을 강요받아서는 안 돼요. 또 여성과 남성을 이유도 없이 차별하거나 성희롱을 하는 일은 절대 있어서는 안 돼요. 일하다가 실수를 할 수도 있는데 그렇다고 해서 폭언을 하거나 다른 사람들 앞에서 그 사람을 비하하고, 따돌리는 일이 있다면 일하러 온 직장이 너무나 괴로울 것 같아요. 일하러 회사에 출근했는데, 이렇게 직장 갑질

을 하는 상사나 사장이 있으면 얼마나 화가 나고 억울할까요?

직장에서 임금을 제때 주지 않고, 회사와 일하는 사람 사이의 약속인 근로 계약서도 작성하지 않고, 휴가도 못 가게 하고, 폭언을 하며 모욕감을 주는 것. 이런 모든 행위는 일하는 사람을 괴롭히는 일이에요. 직장에서는 서로 존중하며 임금, 휴가, 근로 계약서 제공과 같이 정해진 규칙도 당연히 지켜야 해요.

직장 내 괴롭힘은 법으로도 금지되었어요. 2019년 7월부터 시행되고 있는 「직장 내 괴롭힘 금지법」은 직장에서의 높은 지위를 이용해서 상대방에게 신체적·정신적 고통을 주는 행위를 금지하는 법이에요. 직장 내 괴롭힘을 하는 사람이 주위에 있다면 당당하게 맞서 싸우면 좋겠어요. 그건 엄연한 불법 행위예요. 노동 전문가, 변호사, 노무사 등이 뜻을 모아 꾸린 '직장갑질119'라는 단체처럼, 괴롭힘을 당하는 직장인들을 도와주는 멋진 사람들도 있어요. 여러분은 이다음에 크면 함께 일하는 사람들을 서로 존중하며 일하면 좋겠어요.

22. '차별금지법'이 왜 필요한가요?

지구별에는 다양한 사람들이 함께 살고 있어요. 어린이와 노인, 피부색이 검거나 하얀 사람, 임신을 한 사람도 있고 결혼을 하지 않고 친구들과 함께 사는 사람도 있어요. 눈이 잘 보이지 않거나 걷는 것이 불편한 사람이 있고, 키가 아주 크거나 작은 사람도 있지요. 또 기독교, 불교, 이슬람교, 힌두교같이 종교를 가진 사람이 있는가 하면, 종교가 없는 사람도 있어요. 사회의 문제에 대해서도 서로 다른 생각을 가지고 있어서 각자 뽑고 싶은 대통령이 다르기도 해요.

남성과 여성도 있지만 성소수자도 있어요. 예쁘고 멋지다고 생각하는 것도 사람마다 다를 수 있고요. 또 공부를 오랫동안 한 사람도 있지만, 다른 것이 더 재미있거나 일을 하느라 학교를 조금만 다닌 사람도 있어요. 다양한 나라의 국기들을 본 적이 있지요? 지구에는 이렇게 수많은 나라들이 있는데, 한 나라 안에서도 이렇게 다양한 사람들이 함께 살고 있다니! 지구별은 정말 재미나고 멋진 곳이에요.

지구별에서 정말로 다양한 모습으로 살고 있는 모든 사람들에게 꼭 같은 것이 하나 있어요. 그건 바로 누구나 인간답게 그리고 행복하게 살고 싶어 한다는 거예요. 특히 회사, 학교, 병원이나 주민센터

　같이 많은 사람들에게 중요한 장소에서는 다양한 사람들을 서로 존중하고 차별하지 않아야 해요. 우리 주변의 많은 일하는 사람들은, 회사와 일자리에서 차별을 경험하지 않고 안전하게 일할 수 있어야 해요. 여성이나 장애인이라는 이유로, 또 피부색이 다르다는 이유로 돈을 적게 주거나 안전하지 않은 일을 시킨다면 그건 차별이에요. 학교나 병원에서도 다양한 모습과 생각의 사람들이 자유롭게 공부할 수 있고 치료받을 수 있어야 해요.

　일상 속에서 우리는 알게 모르게 나와 다른 사람을 차별하고 있는지도 몰라요. 어떤 행위가 차별이고, 또 차별을 경험하면 어떻게

도움을 요청할 수 있는지 알려주는 것이 '차별금지법'이에요. 우리나라에서는 이 법의 제정을 위해 많은 사람들이 오래전부터 노력해 오고 있지만 아직 정식 법으로 만들어지지는 못했어요. 여러분이 관심을 가지고 원한다면 좀더 빠른 시간 내에 만들어질 수 있을 거예요.

무지개가 아름다운 것은 한 가지 색이 아니라 여러 가지 색깔이 함께 어울려 있어서일 거예요. 세상도 다양한 빛깔의 사람들이 모여서 살아갈 때 더 아름답지 않을까요.

21. 일을 못 하게 되어도 걱정 없이 생활할 수 있나요?

23 '실업자'가 무슨 뜻인가요?

코로나19 감염병은 일하는 사람들에게 많은 변화를 가져왔어요. 회사에 나가지 않고 집에서 컴퓨터로 일하는 사람이 많아졌고, 오히려 일하는 시간이 길어진 사람도 있어요. 하지만 더 이상 일을 할 수 없게 되거나 일할 수 있는 시간이 줄어들어 버는 돈이 적어진 사람도 많아요. 일을 해서 번 돈으로 필요한 물건과 음식도 사야 하는데, 돈을 벌 수 없으면 일상적인 생활이 어렵게 되겠지요?

일하고 싶지만, 직장이나 일터에서 일하지 못하고 있는 사람들을

실업자라고 해요. 실업자가 되는 이유는 다양할 수 있어요. 인기가 많은 과자를 만드는 회사에서는 일할 사람이 많이 필요해요. 그런데 한때 인기 많았던 과자가 여러 이유로 더 이상 팔리지 않게 될 수도 있는데 그러면 회사에서 필요한 노동자의 수도 줄어들겠지요. 그러면 노동자는 계속 일하고 싶어도 회사에서 더 이상 출근하지 말라고 하기도 해요. 이걸 해고라고 해요.

또 자신이 하고 있던 일보다 더 하고 싶은 일이 생기거나, 먼 곳으로 이사를 갈 수밖에 없어서 다니고 있던 회사를 그만둘 수도 있어요. 아이가 생긴 부모의 경우, 아이를 돌보기 위해 많은 시간과 에너지를 사용해야 하기 때문에 부모 중 한 사람은 더 이상 일하기 어렵기도 해요. 자기가 자신 있고 재미있다고 생각하는 일을 할 수 있는

회사가 있어도, 이미 그곳에서 일하고 있는 사람이 많다면 취직하기가 어려워요. 또 지난 몇 년간은 코로나19 감염병이 확산되어서 사회적 거리두기 때문에 손님이 줄어든 식당이나 카페에서 일하는 사람의 숫자를 줄여야 하는 경우가 많았어요. 이렇게 여러 가지 이유로 자신이 원하지 않거나 어쩔 수 없는 이유로 누구나 실업자가 될 수 있어요.

   실업자가 되면 필요한 돈을 벌 수 없어 일상적인 생활이 어려워져요. 음식이나 물건을 살 수 없고 교통비, 병원비, 교육비 등 살아가는 데 꼭 필요한 돈이 없으니 걱정이 너무나 많아지겠지요. 노동자의 해고는 그 한 사람에게만 영향을 미치지 않아요. 그와 연결된 많은 가족도 함께 고통을 겪게 되지요. 그래서 회사는 정말 어쩔 수 없는 경우가 아니라면 노동자를 함부로 해고해서는 안 돼요. 또 국가는 실업자가 기본적인 생활에 대한 걱정 없이 다른 일자리를 찾을 수 있도록 잘 도와주어야 해요.

221. 국가는 실업자를 어떻게 도와주나요?

    일을 하고 싶어도 다양한 이유로 실업자가 되면 돈을 벌지 못해요. 하지만, 우리가 일을 하고 있는 경우나, 실업 상태일 때나 식비, 교통비, 병원비, 교육비같이 반드시 필요한 돈이 있어요. 그래서 실업을 경험하면 노동자뿐 아니라 가족 모두가 무척 힘들어질 수 있어요. 이때 국가는 두 가지 방법으로 실업자를 도울 수 있어요.

    하나는, 노동자가 다른 일자리를 찾을 때까지 최소한의 생계비를 지원해 주는 것이에요. 직장에서 일해서 돈을 벌지 못해도, 식비나 교통비에 대해 크게 걱정하지 않고 다음 일자리를 찾을 수 있도록 도와주는 것이에요. 일하고 있을 때 노동자와 회사가 함께 국가에 '실업보험료'라는 돈을 조금씩 내고, 나중에 노동자가 실업 상태가 되었을 때 생활비를 주는 원리인데 이걸 '실업보험'이라고 해요. 이때 받는 돈을 '실업급여'라고 하고요.

    다른 한 가지는, 새로운 기술을 배울 수 있도록 도와주는 것이에요. 은행에서 일하다가 실업자가 되면, 만화 그리는 법을 새롭게 배우거나 커피를 만드는 방법을 배울 수 있어요. 그래서 만화가나 바리스타가 될 수 있지요. 또 축구 선생님이던 사람이 컴퓨터 코딩 방법

을 새롭게 배워서 컴퓨터 관련 회사에 취직할 수도 있어요. 이렇게 국가는 실업자가 새로운 것을 배워서 자신에게 맞는 다른 회사에 취직할 수 있도록 도와주어야 해요.

　실업은 누구나 경험할 수 있는 일이에요. 혼자 알아서 해결하라고 하기에는 개인의 탓이 아닌 경우도 많아요. 국가는 일하고 싶은 사람들이 다시 일을 하고 돈을 벌 수 있도록 도와줄 의무가 있어요.

25 돈을 똑같이 나누는 섬마을이 있다고요?

우리나라 서해 바다에는 장고도라는 섬이 있어요. 그곳에는 80여 집이 있고 200명이 조금 넘는 사람들이 마을을 이루고 살고 있어요. 섬마을에는 다양한 나이의 어부나 해녀가 함께 살아요. 마을 사람들은 해삼이나 굴, 바지락을 채취해 팔아서 돈을 벌어요. 해삼은 바다에 종묘를 뿌리면 그다음은 바다가 알아서 잘 키워 준다고 해요. 해삼을 팔아서 얻은 모든 이익은 섬마을에 있는 모든 집이 똑같이 나누어 가져요. 대신 마을 사람들은 해삼을 길러 주는 바다가 깨끗하게 보존될 수 있도록 함께 지키고 아끼지요.

섬마을 사람들은 바닷가에서 바지락도 캐는데, 힘이 쎈 사람은 하루에 40킬로그램도 캐낼 수 있지만, 나이가 많거나 약한 사람은 조금밖에 캐낼 수 없어요. 그래도 바지락을 함께 캐서 번 돈은 모두가 똑같이 나누어 가져요.

한번은 각자 캐낸 만큼만 돈을 가져갈 수 있도록 해 보았는데, 돈을 똑같이 나누었을 때보다 오히려 캐낸 양이 적었다고 해요. 힘이 쎈 사람이나 약한 사람, 집안에 사정이 생겨서 일을 많이 못하게 된 사람이나 마침 시간도 많아서 일을 많이 할 수 있는 사람이나, 모두 한마음으로 일하고 함께 똑같이 돈을 나누었더니 더 많은 수익을 낼 수 있었대요. 누구나 언젠가는 집안에 사정이 생겨서 일을 많이

못할 수도 있고, 또 자신도 노인이 된다는 것을 알기 때문에 똑같이 나누어 가진다고 불평하지 않아요.

하늘, 바다 그리고 산과 같이 우리 모두의 것인 자연을 조금 어려운 말로 '공유재' 또는 '커먼스'라고 해요. 모두의 것을 통해 얻은 돈이나 재산을 '공유부'라고 하고요. 우리 사회에서는 일한 만큼 돈을 버는 경우가 대부분이지만, 아무리 열심히 일해도 돈이 부족하거나 일하고 싶어도 일할 기회가 없는 사람도 많아요. 반면에 모두의 것인 공유재를 혼자 독차지하고 돈을 많이 버는 사람도 있어요.

장고도 섬마을 사람들의 이야기는 공유부를 함께 나누고 누구도 가난하지 않도록 돌보는 공동체의 모습을 멋지게 보여 주지요. 모두의 것인 자연을 통해 얻은 이익을 똑같이 나누는 것만큼 중요한 것이 있어요. 그건 바로 바다, 산, 땅과 같이 모두의 자연을 함께 책임감을 가지고 잘 보호하고 지키는 것이에요.

26 최저임금이란 무엇인가요?

    시장에는 물건이나 상품을 만들어 파는 사람도 있고, 돈을 주고 그 물건이나 상품을 사는 사람도 있어요. 마찬가지로 일을 해서 돈을 버는 노동자도 있고, 반대로 일할 사람을 고용해서 돈을 주고 일을 시키는 고용주도 있어요. 물건을 사고파는 곳이 시장이라면, 이렇게 노동을 사고파는 곳을 노동시장이라고 해요. 예를 들어 편의점에서 아르바이트생이 일주일에 15시간 일한다면, 편의점 주인은 15시간 동안 일한 것에 대한 대가를 임금으로 주지요.

    편의점 주인은 아르바이트생에게 얼마를 줘야 좋을까요? 물건을 사고파는 시장에서는 인기 있는 상품 가격은 올리기도 하고 또 물건이 잘 안 팔리면 '1+1 세일'도 해서 반값에 팔기도 해요. 하지만 노동시장에서는 물건이 아닌 인간의 노동력을 사고파는 것이라서 규칙이 필요해요. 일한 대가에 비해 너무 낮은 임금을 주면 노동자가 인간다운 삶을 살기 어려워질 수 있거든요.

    그래서 만든 규칙을 최저임금이라고 해요. 최저임금은 주어진 기간 동안 수행된 일에 대해 고용주가 노동자에게 지불해야 하는 최소 금액이에요. 일을 시킨 사람은 노동자에게, 법으로 정한 임금보다 더 적은 임금을 주면 안 된다는 뜻이에요. 전 세계의 많은 국가들은 최저임금을 정해서 노동자가 최소한의 인간다운 삶을 살 수 있도록 임금 수준을 지키자는 약속을 했어요. 우리나라도 1988년에 한 시간당 475원으로 최저임금이 처음으로 정해졌어요. 2023년에는 9620원이에요.

　최저임금은 고용주와 노동자 모두에게 의미가 있어요. 노동자가 지나치게 낮은 임금을 받지 않도록 보호하고, 또 고용주가 낮은 임금으로 경쟁해서 돈을 버는 것보다는 좋은 경영을 하도록 유도하려는 것이에요. 많은 국가가 회원국인 국제노동기구(ILO)에서는 최저임금은 사회의 빈곤과 불평등을 줄이는 정책이 될 수 있다고 설명하기

도 했어요. 그럼, 최저임금은 누가 그리고 어떤 방식으로 결정할까요?

최저임금은 주어진 기간 동안 수행된 일에 대해 고용주가 노동자에게 지불해야 하는 최소 금액이에요. 일을 시킨 사람은 노동자에게, 법으로 정한 임금보다 더 적은 임금을 주면 안 돼요.

27. 최저임금은 누가 어떻게 결정하나요?

  최저임금은 정해진 시간 동안 노동자가 한 일에 대해 고용주가 노동자에게 지불해야 하는 최소한의 돈이에요. 세일 기간에 마트에서 파는 물건처럼 사람의 노동력을 갑자기 싸게 팔거나 살 수 없도록 우리가 함께 만든 규칙이지요. 예를 들어 편의점 주인은 아르바이트생에게 한 시간 일한 대가로 2023년에는 최소한 9620원은 줘야 해요. 다섯 시간을 일하면 최소한 4만 8100원은 지급해야 하고요.

  그렇다면 최저임금을 얼마로 하면 좋을지는 누가 정할까요? 최저임금은 매년 최저임금위원회라는 곳에서 결정되어요. 위원회는 노동자 대표들, 고용주 대표들, 그리고 노동자도 고용주도 아닌 최저임금에 대해 연구하고 조사한 전문가들로 구성되어요. 노동자 대표는 더

높은 최저임금을 원하고, 고용주 대표는 더 낮은 최저임금을 원해요. 전문가는 누군가의 편이 되어 주기보다는 양쪽의 의견을 듣고 또 다양하게 연구한 것을 바탕으로 가능한 한 중립적이고 공정한 의견을 내야 해요. 이렇게 여러 집단의 대표들이 모여서 다음 연도 최저임금은 얼마로 정하면 좋을지 함께 논의하고 결정해요.

최저임금의 수준을 결정할 때 고려하는 것들이 있어요. 우선 우리나라에서 인간답게 살기 위해서는 얼마 정도의 돈이 필요한지 먼저

계산해요. 이 돈을 조금 어려운 말로 '생계비'라고 해요. 어느 정도의 임금을 받아야 생계비를 쓰면서 노동자가 인간답게 살 수 있을지 고민해요. 그리고 현재 일하고 있는 많은 사람들은 얼마의 임금을 받고 일하고 있는지도 고려해야 해요. 높은 임금을 받는 사람에 비해 너무 적은 돈을 받는 사람이 없도록 신경을 써야 하거든요. 최저임금제는 우리 사회의 불평등 문제를 해결하려고 만든 규칙이기도 하잖아요.

여러분은 부모님한테서 용돈을 받고 있나요? 이제 최저임금에 대해 배운 것을 떠올려 보세요. 그리고 자신이 한 달 생활을 하기 위해서 얼마의 용돈을 받는 것이 좋을지 그 이유를 생각해 보고 부모님과 함께 상의해 보면 어떨까요.

28. 할머니, 할아버지도 일을 해야 할까요?

　누구나 나이가 들면 젊은 시절만큼 건강하기 어려워요. 걷는 속도도 느려지고 시력도 떨어져요. 힘도 예전만큼 강하지 않을 수 있어서 젊었을 때처럼 오랜 시간 일하는 것은 건강에도 좋지 않아요. 누구도 평생 일을 하며 돈을 벌 수는 없어요. 많은 사람들은 나이가 들어 몸이 약해지면 오랜 세월 동안 일하느라 해 보지 못했던 여행을 가거나 취미 활동을 하고, 자신의 건강을 돌볼 수 있길 원해요.

　나이가 들면 돈을 벌기 어려워지는데, 노인이 되어서도 먹고살 걱정으로 계속 돈을 벌어야 한다면 몸도 마음도 무척 힘들 거예요. 그래서 우리는 '연금제도'라는 보호 장치를 만들었어요. 젊었을 때 일하면서 번 돈의 일부분을 미리 나라에 저축했다가 노인이 되었을 때는 일하지 않고도 돈을 받는 것이에요. 미리 저축해 두는 돈을 '보험료'라고 하고, 나이가 들어서 받는 돈은 '연금 급여'라고 해요. 나이가 들어 경제 활동을 하지 못해도 큰 걱정 없이 생활하고 행복하게 나이들 수 있도록 우리 사회가 함께 만든 안전망 또는 보호 장치라고 할 수 있어요.

　물론 어떤 노인은 연금을 받지 않아도 이미 저축해 놓은 재산이 많아서 걱정이 없을 수도 있어요. 하지만 대부분의 사람들은 노인이 되어서 돈을 벌지 못하면 남은 인생을 편안하게 살 수 있을까 하는 걱정을 할 수밖에 없어요. 또 어떤 노인은 돈을 벌지 못하면 곧바로 아주 가난해져서 기본적인 생활이 어려워지기도 하고요.

연금제도는 돈을 많이 버는 사람이나 적게 버는 사람이나 모두 포함해요. 그래서 우리 사회에서 일하며 나이든 모든 사람이 다 함께 노인이 되어도 생활할 수 있도록 말이에요.

우리나라의 많은 할아버지, 할머니 들은 자녀를 키우는 데

힘쓰기도 했지만, 우리 사회가 지금과 같이 잘사는 나라가 될 수 있도록 열심히 일한 분들이에요. 나이가 들어서 예전처럼 돈을 벌지 못해도 우리나라의 모든 할아버지, 할머니 들이 연금을 받고 행복하게 생활할 수 있으면 좋겠어요.

교섭

29
노동자에게는 일을 중지할 권리가 있다고요?

노동자는 누구나 자신이 열심히 일한 것에 대해 좋은 평가와 인정을 받고 싶어 해요. 괜찮은 수준의 임금을 약속한 날짜에 받길 원하고요. 다치거나 건강이 악화될 위험이 있다면 그곳은 두렵고 위험한 일터이고, 누구도 위험한 일터에서 일하고 싶지 않아요. 모든 노동자는 누군가의 가족이자 친구이기도 한데, 그들 모두는 한 명의 사람으로서 존중받을 권리가 있어요.

그런데 노동자가 일하는 환경이 모두 좋지만은 않은 것 같아요. 노동자는 임금을 주는 사장님에 비해 힘이

테이블 단체교섭권

약한 경우가 대부분이지요. 혹시라도 일하는 환경과 조건에 대해 불만을 표시하면, 자신을 나쁘게 평가하지는 않을까, 또는 임금을 적게 주지 않을까, 어쩌면 해고해서 일할 기회도 없애지 않을까, 여러 걱정이 들기 마련이거든요. 그래서 혼자의 힘으로 불만을 나타내거나 개선 사항을 요구하는 것보다 여러 명이 함께 힘을 합치면 좋아요. 여러분도 선생님이나 부모님께 불만이나 요구 사항을 말할 때 형제자매나 반 친구들과 함께 말하면 좀 더 용기가 나지요?

단결권

단체행동권

일하는 환경을 더 나아지게 하기 위해서 노동자들이 모여서 집단을 만들 수 있는데, 이것을 '노동조합'이라고 해요. 모든 노동자에게는 좀 더 나은 일할 조건과 환경을 위해 스스로 집단을 조직하고 운영할 권리가 있는데요, 이것을 '단결권'이라고 해요. 한 명이 아니고 여러 명이 이렇게 힘을 합쳐서 단체를 만들면, 그 대표가 '우리는 좀 더 높은 임금을 원합니다!', '휴식 시간을 늘려 주세요', '안전장치를 설치해 주세요' 등 원하는 내용을 사장과 같은 회사 대표와 공식적으로 논의할 수 있어요. 이걸 '단체교섭권'이라고 하는데, 회사 대표는 노동자 대표가 원하는 것이 무엇인지 들어 보고 함께 논의할 의무가 있어요.

노동자들이 서로 뭉쳐서 노동조합을 만들고, 요구 사항을 공식적으로 말해도 회사에서 전혀 들어주지 않으면 노동자가 행사할 수 있는 마지막 수단이 바로 '단체행동권'이에요. 한 명의 힘은 약하지만, 여러 명이 모여서 함께 싸운다면 힘이 커지죠. 노동자들이 한꺼번에 일정 기간 동안 일을 중지하는 파업은 단체행동의 대표적인 예예요.

단결권, 단체교섭권, 단체행동권은 어려운 말 같지만, 일하는 모든 사람의 정당한 권리이니까 여러분도 잘 알고 있으면 좋겠어요.

30 아이를 돌보느라 일하지 못할 때 부모님은 어떻게 돈을 벌어요?

아이가 태어나면 이 아이는 아직 너무 어려서 스스로 할 수 있는 일이 많지 않아요. 아이들은 어릴수록 돌봄이 많이 필요해요. 갓난 아기는 밤에 자주 깨어 앙앙 울기도 하는데 이때 부모는 시간에 상관없이 바로 일어나 젖을 주거나 기저귀를 갈아 줘야 하지요. 따뜻한 물에 자주 목욕도 시켜 주고 많이 안아 주어야 해요. 또 아이를 막 출산한 엄마는 몸이 많이 약해져 있어요. 그래서 당분간은 충분히 쉬어야 나중에 건강하게 지낼 수 있어요. 아기가 점점 자라면서 스스로 할 수 있는 것도 많아지지만, 아직은 먹을 음식과 옷을 챙겨 줘야 하고 책도 읽어 주며 많이 놀아 주어야 해요. 그래서 아이가 태어나면 엄마와 아빠는 예전과 똑같이 일을 하기가 힘들어요.

아이가 태어나기 전과 똑같이 일을 할 수 없다면 벌 수 있는 돈도 줄어들 거예요. 가족은 더 늘었는데, 벌 수 있는 돈은 오히려 줄어들면 정말 곤란하겠지요? 그래서 아이를 낳고 돌보는 기간 동안에는 일을 아예 하지 않거나, 일하는 시간을 줄여도 돈에 대한 큰 걱정이 없도록 출산휴가와 육아휴직이라는 제도가 있어요. 출산휴가는 직장을 다니던 엄마가 아기가 태어나기 전과 후에 일정 기간 동안 일을 하지 않아도 돈을 지급하는 것이에요. 회사에서는 이 기간 동안 엄마가 아이와 자신의 몸을 잘 돌보는 것에 집중할 수 있도록 도와주어야 해요. 육아휴직은 엄마나 아빠 중 누구든 아이를 돌보기 위해 일을 잠시 쉬어도 돈을 주는 제도예요. 아이가 태어나기 전에 부모님이 열심히 일하면서 번 돈의 일부를 미리 국가에 냈다가, 아이가 태어나면 다시 도움을 받는 원리예요.

　엄마나 아빠는 남자와 여자로 성별은 다르지만 귀여운 자녀를 돌보고 싶은 마음은 똑같아요. 한편으로 회사에서 일도 잘해서 보람도 느끼고 싶어 해요. 그래서 회사에서는 엄마든 아빠든 자녀를 돌보기 위해 일을 쉬었다가 다시 회사에 일하러 돌아온 사람들을 차

별하면 안 돼요. 오히려 함께 다시 잘 일할 수 있도록 도와줘야 해요. 아이를 낳거나 기른다고 해서 일할 능력이 떨어지거나 없어지는 것은 아니거든요. 회사의 사장이나 동료 직원들도 우리 사회의 어린이들이 건강하게 잘 자라나길 바랄 거예요.

한 가지 걱정은, 일을 하면서도 육아휴직을 신청할 수 없는 사람이 많다는 것이에요. 모든 일하는 사람들이 자녀를 돌보기 위해 일을 잠시 쉬어도 소득에 대해 걱정이 없어야 해요. 아이들이 어린 시절에 부모와 행복한 시간을 함께 보내는 것은 모두가 누려야 할 권리이니까요.

31 세 개의 열쇠가 있어야만 열리는 문이 있다고요?

　2019년 세계 여러 나라의 노동자 대표, 사장 그러니까 고용주들의 대표, 그리고 각 정부의 대표들이 한자리에 모여 회의를 열었어요. 미래의 일자리와 경제에 대해 예측해 보고 앞으로 모두가 행복하기 위해서 어떻게 힘을 합해야 하는지 의논하기 위한 자리였어요. 이 회의는 국제노동기구(ILO)라는 곳에서 준비했어요. 1919년에 설립된 국제노동기구가 설립 100주년을 맞아 개최한 회의인데, 이날 회의장 건물 앞의 대문에는 커다란 열쇠 구멍이
세 개가 있었어요.

그리고 노동자 대표, 고용주 대표, 정부 대표의 손에는 각각 열쇠가 한 개씩 들려 있었어요. 대문은 열쇠 세 개를 모두 사용해야만 열 수 있는데, 그러니까 노동자, 고용주, 정부 모두가 똑같이 힘을 합해야 모두를 위한 좋은 사회를 만들 수 있다는 것을 상징해요.

노동자, 고용주, 정부가 어떻게 협력할지 머리를 맞대고 토론하고 의논하는 것을 조금 어려운 말로 '사회적 대화'라고 해요. 사회적 대화에서 노동자, 고용주, 정부는 노동자가 일을 하면 얼마를 주어야 하고, 몇 시간을 일해야 적당한지, 노동자가 다치거나 병에 걸리지 않도록 어떻게 보호할 수 있을지, 기업은 장사를 잘하고 성공하기 위해서는 어떤 기술을 가진 노동자가 필요하고, 노동자는 어떻게 기술을 배울 수 있을지 등 서로 필요하고 원하는 것이 무엇인지 함께 이야기를 나누어요.

어느 한쪽이 계속 자기주장만 내세우며 뜻을 굽히지 않으면 어려운 사회문제를 해결하기 어려워요. 서로가 조금씩 양보하고 도와야 모두가 함께 행복할 수 있어요. 고용주는 자신의 회사에서 열심히 일하며 함께 돈을 벌어 줄 노동자가 필요해요. 하지만, 만약에 노동자가 필요한 기술을 배우기 어렵고, 너무 적은 돈으로 긴 시간 일하다가 병에 걸리고 아프면 회사도 성공하기 어려워요. 회사가 망하면 노동자도 일자리를 잃을 수 있어서 모두가 손해예요. 또 정부는 노동자와 고용주가 서로 다투지 않고 협력할 수 있도록 도와주는 역할을 잘해야 해요. 어느 한쪽 편만 들지 않고 노동자와 고용주에 모두 도움이 되는 좋은 정책들을 고민하고 만들어야 해요.

서로 의논해서 결정된 것은 꼭 지키기로 약속하는 것을 '노사정 3자주의'라고 해요. 노동자, 사장, 정부가 서로의 사정을 잘 들어 보고 서로 도우며 함께 좋은 사회를 만들겠다고 약속하는 것을 말해요. 세 개의 열쇠를 모두 사용해야 열리는 문, 여러분의 주변에서도 한번 찾아보세요.

32. '정의로운 전환'이 무슨 뜻인가요?

우리가 살고 있는 아름다운 지구별이 병들어 가고 있다는 신호가 여기저기서 보이고 있어요. 감기에 걸리면 열이 나고 콧물과 기침이 나는 것처럼, 지구도 병이 든 것 같아요. 지구의 평균 온도가 올라가고 계절의 변화도 예전과 다르다고 해요. 멸종 위기에 처한 동물이 늘어나고, 푸르른 바다에는 플라스틱으로 만들어진 섬도 생겼다고 해요. 배 속에 쓰레기가 한가득 채워진 채 죽은 고래가 발견되는 슬픈 소식도 있었어요.

병이 나면 의사는 원인을 찾아 진단하고 어떻게 하면 나아질 수 있을지 환자와 함께 논의해요. 그래서 지구 곳곳의 많은 사람들은, 지구온난화를 막기 위해 지구별에 사는 모든 사람들이 함께 탄소 배출을 줄이도록 노력해야 한다고 주장했어요.

탄소를 줄이기 위해서는 난방 기구, 화석 연료를 사용하는 공장, 자동차와 비행기, 쓰레기 소각 등 이미 우리가 편리한 생활을 할 수 있도록 해 준 많은 것들을 줄여야 하죠. 일상에서 쓰레기를 줄이고 재활용도 습관화하고, 기름을 사용하는 자동차보다는 전기자동차를 사용해야 해요. 또 화석 연료를 사용하는 공장은 서서히 문을 닫고 풍력이나 태양열 등 재생 에너지를 이용해 물건을 만드는 공장이 필요해요.

 하지만 이런 변화를 이끌 때 한 가지 꼭 기억할 것이 있어요. 화석 연료를 사용하는 공장이나 그곳에서 만들어진 물건을 팔기 위한 회사에서 열심히 일한 노동자가 많이 있다는 사실이에요. 지구온난화라는 지구의 병을 고치기 위해 화석 연료 사용을 줄여야 하지만, 그러는 과정에서 일자리를 한순간에 잃어버리게 되는 노동자와 그 가족이 있을 수 있어요.

 화석 연료를 사용하는 큰 공장이 들어선 마을을 한번 상상해 봐요. 마을 주민 중에는 그 공장으로 출근하는 사람도 있고, 또 그 공장 사람들을 상대로 가게를 운영하는 사람들도 있을 거예요. 그런데

 어느 날 공장이 문을 닫고 사람들이 실업자가 되면 손님을 잃은 주변 가게도 문을 닫게 되겠죠. 그러면 그 피해는 마을 전체 사람들에게 미치게 되겠지요.

 그래서 우리에게는 '정의로운 전환'이 필요해요. 정의로운 전환이란, '건강한 지구'를 위해 병을 고치는 과정에, 노동자와 특정 마을에 큰 피해가 가지 않도록 살피는 것이에요. 건강한 지구로 '전환'시킬 때 여러 불편한 점이 생길 수 있는데, 그 불편이 특정 노동자와 지역 공동체에 일방적으로 집중되지 않도록 우리 모두가 함께 나눠서 불편을 겪자고 약속하자는 것이죠. 정의로운 전환을 위해 우리가 양보할 수 있는 것이 무엇이 있을지 생각해 볼까요?

33 '불안정 노동자'는 어떤 사람들인가요?

열심히 일하고 있어도 먹고사는 문제와 같이 생계를 걱정해야 하고, 미래를 계획하는 것이 어렵다면 불안정한 상태이지요. 불안정 노동자는 성실하게 일하고 있어도 계속 불안한 상태에 있는 노동자예요. 아르바이트로 일하고 있거나 버는 돈이 너무 적은 직업을 가진 사람도 불안정 노동자일 수 있어요.

예를 들어, 패스트푸드점에서 일하는 사람을 상상해 보세요. 이들은 일주일에 몇 시간만 일할 수 있거나, 일할 수 있는 기간도 짧아서 얼마나 오래 그곳에서 돈을 벌 수 있을지 계획하기 어려워요. 회

사나 공장에도 비정규직으로 일하는 노동자가 많아요. 비정규직은 주로 일하기로 계약된 기간이 1년 정도밖에 안 돼요. 일하던 곳에서 계속 일할 수 없다면, 일을 하면서도 다른 일자리를 찾아야 해요. 그러면 자신의 삶을 계획하기가 무척 어려워요. 월세나 전기세와 같이 정기적으로 내야 할 돈은 있는데, 벌 수 있는 돈이 불규칙하다면 안정적으로 생활하기 어렵잖아요.

　게다가 비정규직은 정규직을 가진 사람과 똑같은 혜택과 보호를 받지 못하는 경우가 많아요. 예를 들어, 집안에 일이 생기거나 모처럼 여행을 가고 싶은 경우에는 휴가를 신청해야 하는데, 휴가가 보장되지 않는 경우가 많아서 가족과 친구와도 시간을 보내기 어려워요.

불안정 노동자가 안정적인 삶을 살 수 있도록 돕기 위한 한 가지 방법은 노동자의 권리를 더 많이 보호할 수 있는 정책을 만드는 것이에요. 예를 들어, 사람들이 더 나은 임금과 혜택을 받기 위한 협상을 할 수 있도록 노동조합에 가입하는 것을 도와주는 정책을 만들 수 있어요. 또 아플 때나 지쳤을 때 쉴 수 있도록 휴가 기간을 잘 지켜 줘서, 노동자들이 자기 자신과 가족을 돌볼 수 있도록 도울 수도 있어요. 다른 방법은 안정적인 일자리를 찾는 데 도움이 되는 프로그램을 지원하는 것이에요. 좋은 일자리를 찾는 데 필요한 기술을 가르치거나 상담 프로그램을 만들어서 노동자가 자신의 기술과 관심에 맞는 직업을 찾을 수 있도록 할 수 있어요.

불안정 노동자는 열심히 일해도 안정적인 직업을 가진 사람과 똑같은 기회나 보호를 받지 못해요. 일하고 있는 모든 사람은 생계를 유지하고 가족이나 친구와 행복할 시간을 보낼 수 있는 기회를 가질 자격이 있는데 말이에요. 중요한 것은 불안정한 일자리에서 일하는 사람들이 게으르거나 열심히 노력하지 않는 것이 아니라는 것을 기억하는 것이에요.

32. 꼭 돈을 벌어야만 가치 있는 일인가요?

여러분의 하루, 일주일, 한 달 그리고 일 년은 어떤 활동으로 채워져 있나요? 부모님, 선생님 그리고 등굣길에서 만나는 경비 아저씨, 버스 운전사와 여러 이웃들의 삶도 가만히 생각해 보세요. 사람들은 24시간으로 이루어진 하루에도 정말 다양한 활동과 일을 해요.

열 살이 된 예리의 생활을 한번 볼까요. 예리는 매일 학교에 가서 수학, 과학, 국어 등 다양한 과목을 공부해요. 예리는 축구도 무척 좋아해서 어린이 축구팀 소속인데요, 주말에는 다른 팀과 경기도 해요. 또 일주일에 한 번은 방과 후 수업에서 춤을 배우는데, 몸을 움직이며 자신을 표현하는 것을 즐거워해요. 예리는 책도 읽고, 그림도 그리고, 놀이터에서 친구들과 노는 것을 좋아해요. 몇 년 후 중학생이 되면, 언니처럼 동네의 동물 보호소에서 자원봉사를 하며 입양을 기다리는 고양이와 개를 돌보는 일을 도울 예정이에요.

예리의 옆집에는 희정이라는 친구가 사는데, 희정이네 부모님은 환경 보호에 관심이 아주 많아요. 그래서 회사에 출근하지 않는 주말에는 탄소 배출을 줄이자며 사람들을 설득하기 위해 집회나 행진에 참여하기도 하고, 환경 보호를 위한 공부 모임에도 참석해요. 희정이 아랫집에는 철원네가 살고 있어요. 철원이의 아버지는 매일 회사에서 늦게까지 일하고 돌아오지만, 밤에는 철원이와 함께 하루에 있었던 일을 이야기하는 시간을 좋아해요. 철원이의 어머니는 동네 어르신을 돌보는 데 깊은 관심을 기울이고 있어요. 그래서 매주 목요일은 혼자 살고 계시는 할머니, 할아버지의 집을 방문해서 함께 이야기도 나누고 도시락도 전해 드려요.

　사람은 살아가면서 이렇게 다양한 활동을 해요. 공부, 놀이, 탐험, 독서, 봉사, 만들기, 운동하기, 돌보기, 요리, 청소 등 사람들이 하는 활동을 곰곰이 떠올려 보세요. 직장에서 돈을 버는 일 말고도 사람들은 무척 많은 활동을 해요. 어떤 일은 그 대가로 돈을 주기도 하

지만, 어떤 일은 돈이 아니라 뿌듯함, 기쁨, 따뜻함 그리고 서로 연결되어 있다는 좋은 느낌을 주어요. 중요한 것은 꼭 돈을 버는 일만 가치 있고 중요한 일이 아니라는 것이에요.